D1563741

SANTOS ÁNGELES

MEDITACIONES Y ORACIONES MILAGROSAS

LETRA GRANDE

[Título original: *Mes de los Santos Ángeles en que se expone sus excelencias, prerrogativas y oficios, según las enseñanzas de la Sagrada Escritura, los Santos Padres y Doctores de la Iglesia,* por Alejo Romero, Presbítero. Morelia, Imprenta Católica, 1893.]

[Título original: *Ejercicio diario en honor de la Santísima Trinidad, Santísimo Sacramento, Santísima Virgen María y demás ángeles y santos; van añadidos algunos documentos para vivir santamente* compuesto por Luis Manrique, Presbítero. Morelia, Imprenta de I. Arango, 1862.]

Santos Ángeles. Meditaciones y oraciones milagrosas
Digitalización: Universidad Autónoma de Nuevo León
ISBN: 9798730935020
Sello: Independently published
Marzo de 2021
Edición para AMAZON: Jesús Arroyo Cruz

NOTA PRELIMINAR

La presente obra es una compilación de meditaciones con referencias bíblicas y de algunos doctores de la Iglesia como Santo Tomás y San Agustín y oraciones milagrosas, dulcemente escritas por los Presbíteros Alejo Romero y Luis Manrique.

Seguramente, los textos aquí presentados invitan a una reflexión madura y fervorosa del creyente católico y de todos aquellos que deseen profundizar en el conocimiento angélico.

La lectura está estructurada para hacerse una vez al día, durante un mes, siempre que así se decida o como el fiel lector lo prefiera.

Prólogo a la obra
Mes de los Santos Ángeles

La piedad católica, tan ingeniosa como fecunda en los medios de tributar culto a Nuestro Señor Jesucristo y los santos, ha inventado diferentes formas de oración, siendo entre éstas las de más uso los meses dedicados ya al Sagrado Corazón de Jesús, ya a las glorias de María, o las santas almas del purgatorio, etc. etc.; y ciertamente que nada podía haber más a propósito para desarrollar una serie de verdades relativas a un asunto religioso, que consagrar todos los días de un mes a la contemplación de los misterios de nuestra fe, o de la vida de los santos: ¡tan fecunda e inagotable es nuestra Santa Religión!

Préstanse a esta forma de oración y de homenajes, varios objetos de nuestro culto, que como indicado queda, han sabido ya explotar muchos escritores piadosos pero hay otros a los que aún no toca su turno; en este número se encuentra sin duda, el culto de los Santos Ángeles, de esos príncipes soberanos cuyo sagrado ministerio se ha venido ejerciendo desde el principio del mundo en bien no solo del género humano, sino de la creación entera.

¡Los Ángeles! su creación, su naturaleza, su número, su ciencia su amor, su hermosura, su poder, sus jerarquías, sus coros etc. etc., asunto vastísimo, campo dilatado cuyos horizontes se retiran más y más a medida que el atrevido entendimiento humano osa explorarlo para hallar sus términos.

De lamentarse es que en este siglo de materialismo hayan descuidado hablar de los Ángeles muchos apologistas de la Religión: Frayssinous, Augusto Nicolás,

Ba'mes, Donoso Cortés casi ni mención hacen de ellos; pero lo que más entristece el corazón es considerar que hay muchos cristianos que pasan la vida sin acordarse de la existencia de esos medianeros entre Dios y los hombres, sin pensar siquiera una vez en saludar a su Santo Ángel custodio, sin encomendarse a su cuidado, sin darle gracias por la protección con que los cubre. Así, pues, guiado por estas consideraciones, y deseoso de despertar en las almas cristianas el recuerdo de los beneficios recibidos por las manos de estos celestiales bienhechores; me he atrevido a tomar la pluma para escribir esta obrita que hoy tengo el honor de ofrecer al público católico, confiando en que su indulgencia sabrá perdonar los innumerables defectos de que adolezca.

No he confiado en mis propias fuerzas, que así nada habida escrito. No presento nada nuevo, porque sé que en Religión toda novedad es herejía; mi doctrina no es por consiguiente mía, la he bebido en las fuentes más pura s de la Teología católica, en la Sagrada Escritura, sembrada de textos que prueban tanto la existencia como las excelencias de los Ángeles, en los escritos de los Santos Padres y Doctores de la Iglesia, cuya ciencia ha sido en todos tiempos siempre antigua y siempre nueva y aun en la historia profana que refiere las creencias adulteradas de la religión primitiva y verdadera.

No me lisonjeo, por tanto, de ofrecer un trabajo enteramente original, pues quien lea esta obra, si está versado en los estudios de la Religión, echará de ver que ha sido inspirada principalmente en Santo Tomás de Aquino, Bossuet, Aveugle, D'Hauterive, Pérez, Monsabré y otros escritores de gran renombre.

Desgraciadamente acostumbrados a verlo todo sensiblemente, a familiarizarnos con lo que afecta de algún modo nuestros sentidos, nos hemos olvidado del mundo invisible, y no reflexionamos sobre el papel importante que en el plan de la creación desempeñan los ¡Santos Ángeles, y especialmente en la economía de la redención del hombre.

Abrid la historia de los Santos, y veréis figurar a cada paso a estos príncipes del Cielo, a estos soberanos del empíreo, sirviendo a los hombres mortales, formados del limo de la Tierra y manchados ya que no con pecados actuales, si con la culpa original; y a estas criaturas inferiores, a estos gusanillos de la Tierra han venido del Cielo los nobles cortesanos para servirles de ayos, de guías y defensores.

Los Ángeles eran los que llevaban alimento a los justos habitantes del desierto o moradores en la soledad de los bosques; los Ángeles eran los que administraban el Pan de la Eucaristía a los anacoretas y ermitaños y a otros santos, en ausencia de los sacerdotes; los Ángeles quienes sostenían a los mártires en sus tormentos y dulcificaban sus penas con músicas celestiales, pero ¿cuándo acabaría si tratara de describir aquí todos los buenos oficios que han prestado y siguen prestando a los justos y a los pecadores? ¿Qué palabras pueden expresar mejor su benéfico influjo sobre la humanidad que las que me han servido de epígrafe para esta obrita?

A domnia bona nostra cooperantur Angeli. Los Ángeles coadyuvan a todas nuestras buenas obras.

Nuestro Señor Jesucristo no tuvo Ángel custodio, porque siendo a un mismo tiempo Dios, todo estaba sujeto a su poder; sin embargo, los Ángeles le asistieron en el desierto y el Arcángel Gabriel bajó del Cielo al Jardín de las Olivas para confortarlo en el último combate, cuando estaba abrumado de tristeza.

¿Por qué, pues, se mostró el Redentor con necesidad de los auxilios angélicos? sin duda para darnos a entender que nosotros necesitamos de sus socorros, puesto que allí estaba representando Jesús a cada uno de los hombres en particular y a la humanidad entera.

Siendo tan manifiesta la intervención de los Ángeles en todos nuestros actos buenos y en el negocio importantísimo de nuestra salvación, ¿cómo es que su culto se ha olvidado? ¿Por qué son tan contadas las personas piadosas que fomentan su devoción? A mí me ha parecido que no puede ser otra la causa, que la oposición del demonio, de ese ángel caído que ve con encono y con envidia la glorificación del hombre que ha de ocupar un día el Trono que por su soberbia maldita perdió para siempre, la oposición de Satanás, sí, de ese falso dios a quien una secta infame rinde descaradamente en pleno siglo XIX los homenajes debidos sólo al Dios de los cristianos.

No hay que dudarlo, Lucifer y sus secuaces han borrado de la memoria de los católicos el sacrosanto nombre de los Ángeles, para que no se extienda su devoción, para que no se hagan palpables su protección y valimiento; y de este modo perseguir con mayor libertad y encarnizamiento a los hombres. Por el contrario, propáguese el culto angélico, demándense los auxilios de esos capitanes del Cielo contra las furias del averno, y los Ángeles escucharán nuestras plegarias, poniendo en vergonzosa fuga a las legiones de espíritus malos que por todas partes nos persiguen.

Ojalá esta obrita contribuya a este fin, llamando la atención de personas más ilustradas, y excitando su celo para continuar la propaganda del culto angélico: estos son los deseos del autor.

ÍNDICE

Santos Ángeles

Meditaciones y Oraciones Milagrosas

Letra Grande

AL REY DE LOS ÁNGELES Y DEL UNIVERSO
ORACIÓN PREPARATORIA PARA TODOS LOS DÍAS

Soberano Señor del mundo, ante quién doblan reverentes la rodilla todas las criaturas del Cielo, de la Tierra y del infierno; miradnos aquí postrados en vuestra divina presencia para rendiros los homenajes de amor, adoración y respeto que son debidos a vuestra excelsa majestad y elevada grandeza. Venimos a contemplar durante este mes las excelencias, prerrogativas y oficios con que habéis enriquecido en beneficio nuestro a esos espíritus sublimes que, como lámparas ardientes, están eternamente alrededor de vuestro trono, haciendo brillar vuestras divinas perfecciones.

¡Oh Sol hermoso de las inteligencias! que llenáis de inmensos resplandores todo el empíreo, arrojad sobre nuestras almas un destello de esos fulgores, a fin de que, conociendo la malicia profunda del pecado, lo aborrezcamos con todas nuestras fuerzas, y se encienda en nuestros corazones la viva llama del amor divino, para que podamos caminar por los senderos de la virtud hasta llegar a la celestial Jerusalén, donde unamos nuestras alabanzas a las de los angélicos espíritus y bienaventurados para glorificaros por toda la eternidad. Amén.

DÍA PRIMERO
MEDITACIÓN
EXISTENCIA DE LOS ÁNGELES

Punto 1º. Considera, alma mía, que la Sabiduría infinita, cuyas obras todas son buenas, bellas y perfectas, si no hubiera creado los Ángeles habría suprimido una nota interesante de la armonía del mundo, y el orden maravilloso que en él reina habría quedado en cierto modo trunco e imperfecto, porque en la inmensa escala de la creación, se revelan sucesivamente los diversos grados del ser desde el ínfimo corpóreo hasta el supremo inmaterial, que es Dios, de manera que la razón nos persuade que si en el universo hay cuerpos inanimados, y cuerpos con sucesivos grados de vida hasta llegar al hombre, el cual es compuesto de cuerpo y espíritu; esta misma razón también nos inclina a creer que deben existir espíritus independientes de toda materia, existentes en sí mismos, superiores al espíritu del hombre; y pues que cada ser en el mundo es una imitación y reflejo de la Divinidad.

Si no existieran los Ángeles, faltarían entonces las criaturas que mejor pudieran imitar a Dios, puesto que Él no es ni cuerpo ni hombre, ni espíritu como el alma del hombre, destinado por su naturaleza a estar siempre unido a un cuerpo. Por consiguiente, deben de existir a semejanza de Dios espíritus soberanos, invisibles incorpóreos, inteligentes, aunque creados, inferiores a Dios y superiores al hombre: y estos no pueden ser sino los Ángeles.

Punto 2º. Considera, alma mía, que es de fe que existen los Ángeles, y que estás tan obligada a creer en su existencia como en la del mismo Dios. En el símbolo de la fe o credo se te enseña esta verdad cuando se te propone creer: *en Dios Padre*

Todopoderoso, Creador del Cielo y de la Tierra y de todas las cosas visibles e invisibles, pues por cosas invisibles entienden todos los cristianos los Ángeles.

El Concilio Lateranse hace expresa profesión de fe acerca de este dogma, cuando dice: *Creemos firmemente que Dios desde el principio del tiempo sacó a la vez de la nada a ambas criaturas... a saber, a la angélica y a la mundana.*[1] La tradición universal, que se remonta hasta los tiempos más próximos a la creación, está conforme en la sustancia con la fe católica y proclama de un modo elocuente esta verdad.

En efecto, siempre han creído los pueblos en la existencia de seres superiores al hombre, de que Dios se ha valido para el gobierno del mundo como de seres medianeros entre la Divinidad y el hombre: así lo enseñaron los filósofos paganos de la antigüedad: "Hesíodo refiere sus grandes hazañas; Tales, Pitágoras y los antiguos los colocan en el vestíbulo del mundo divino.

Platón llena con ellos los espacios. Sócrates conversa con uno de ellos. Aristóteles los considera como "centros de atracción y como motores de las esferas celestes."[2] Reconozcamos, pues, el poder de Dios que ha querido revelar su fecundidad en la creación de los Ángeles y su infinita bondad y sabiduría en el orden del mundo.

JACULATORIA

Ángeles dichosísimos, que, entre otros innumerables que jamás Dios sacará de la nada, habéis tenido la felicidad de poseer la existencia; rogad por nosotros para que siempre os reconozcamos y veneremos.

---

[1] Concil. Enteran, sub. Inocen. II I Cap. Firmiter.
[2] Monsabré. *Conferencias,* tomo III, Confer, XV.

PRÁCTICA

Al rezar el Credo haced siempre expresa profesión de fe acerca de la existencia de los Ángeles, cuando decís Creador del Cielo.

Se rezan tres Padre Nuestros y tres Ave Marías con gloria Patri etc., y se ofrecen con la oración siguiente.

ORACIÓN

Ángeles felicísimos, que al contemplar un día vuestro noble ser, sentisteis un inmenso gozo inefable y rendisteis a vuestro Creador tributos incesantes de agradecimiento por favor tan inmerecido, haced que nosotros reconociendo también el favor de la vida y del ser cristiano que se ha dignado otorgarnos, sin el menor concurso de nuestra voluntad, demos a su Divina Majestad repetidas acciones de gracias por tan señalado beneficio, a fin de que merezcamos los auxilios necesarios para cumplir el fin para que hemos sido creados. Amén.

EJEMPLOS

El Antiguo Testamento refiere a cada paso apariciones de los Ángeles desempeñando las órdenes de Dios, ya castigando o ya defendiendo a los hombres; así nos dice que un querubín está con una espada de fuego impidiendo la entrada en el paraíso perdido. Dos Ángeles ministros de la venganza divina entran por la tarde en la infame Sodoma, salvan a Lot y a su familia; y a una seña hacen caer torrentes de llamas sobre la ciudad criminal.

Un Ángel, mensajero salvador, detiene el brazo de Abraham levantado para inmolar a su hijo. Escuadrones de Ángeles suben y bajan por la escala misteriosa vista por Jaco b, con las manos llenas de oraciones y de guacias.

Un Ángel guía al pueblo de Israel en su huida de Egipto, mostrándole el camino. Cuando la gloria de Jehová desciende en medio de truenos, relámpagos e incendios al monte Sinaí, el Señor habla y los Ángeles escriben en las tablas la ley santa que ha de regir a Israel.

Un Ángel revela a Gedeón su misión de libertador. Un Ángel anuncia el nacimiento y destino de Sansón. Un Ángel sustenta en el sueño al profeta Elías. Un Ángel es el que hiere de noche el Ejército de Senaquerib, cubre el campo de cadáveres y pone a los asirios en vergonzosa fuga. Un Serafín purifica los labios de Isaías.

El Arcángel San Rafael es el que visita la casa de Tobías, conduce a su hijo a la región de los Medos, bendice sus bodas, y le lleva sano y salvo a los brazos de sus ancianos padres. Casi no hay página en la Santa Escritura, en que no se haga mención de los Ángeles.

Oración a la Reina de los Ángeles

Con esta concluye el ejercicio diario.

¡Oh María, la más pura de las vírgenes! que por vuestra grande humildad y heroicas virtudes, merecisteis ser la Madre del Redentor del mundo, y por esto mismo ser constituida Reina del universo y colocada en un majestuoso trono, desde donde tierna y compasiva miráis las desgracias de la humanidad, para remediarlas con solicitud maternal; compadeceos, augusta Madre, de nuestras grandes desventuras.

El mundo no ha dejado en nosotros más que tristes decepciones y amargos desengaños; en vano hemos corrido en pos de la felicidad mentida que promete a sus adoradores, pues no hemos probado otra cosa que la hiel amarga del remordimiento, y nuestros ojos han derramado abundantes lágrimas que no han podido enjugar nuestros hermanos.

Por todas partes nos persiguen legiones infernales incitándonos al mal, y no tenemos otro abrigo que refugiarnos bajo los pliegues de vuestro manto virginal, como los polluelos perseguidos por el milano no tienen otro asilo que agruparse bajo las alas del ave que les dio el ser.

Por esto, desde el fondo de nuestras amarguras clamamos a Vos para que enviéis hasta nosotros y para nuestra defensa a los espíritus angélicos, de quienes sois la Reina y Soberana, a fin de que nos libren de sus astutas asechanzas y nos guíen por el recto camino de la felicidad. Amén.

DÍA DOS
LA ORACIÓN PREPARATORIA COMO EL PRIMER DÍA
MEDITACIÓN
NÚMERO DE LOS ÁNGELES

Punto 1º. Considera, alma mía, que preguntar ¿cuántos son los Ángeles? Es lo mismo que preguntar, y todavía más, cuántos son los astros esparcidos en la inmensidad del espacio, cuántos son los vivientes de todas clases que hay en nuestro globo: en la Tierra, en el aire y en el mar; cuántas son las gotas del océano. La ciencia moderna, perfeccionando los instrumentos de observación, ha llegado a descubrir que más allá de la estrella más lejana que alcanza nuestra simple vista existen millones y millones de soles, los cuales sin duda serán otros tantos centros de sistemas planetarios, semejantes al nuestro, en torno de los cuales girarán enormes globos, ¡qué multitud! ¡qué número!

Por otra parte, si de las fronteras de la inmensidad descendemos a las fronteras de la pequeñez o de la nada ¡qué números tan inconmensurables no encontramos en esos mundos microscópicos!

Los reinos vegetal y animal ofrecen a nuestra consideración números asombrosos; pues la ciencia ha descubierto que en un solo átomo del más fino polvo se acumulan por millares los animalitos llamados microzoarios y para igualar en volumen a una gota de agua se necesitan millones y millones, y al pensar que todos estos vivientes existen en todas partes, en el aire, en el agua, en la Tierra, en nuestro cuerpo y hasta en nuestra sangre; y que deben multiplicarse probablemente por sí mismos, tantas veces cuantos son esos millones de millones de mundos creados en el espacio; al pensar esto, la imaginación siente vértigos y la razón se anonada; pero ¿a dónde volver los ojos?

Hay más, salvemos las fronteras del mundo corpóreo, escuchemos a la fe; ésta nos dice que esos números asombrosos de la materia desaparecen y se borran en presencia del mundo de los espíritus angélicos, cuyo ejército con todos sus incontables escuadrones remonta hasta lo infinito; sí, porque más que esos millones de soles, de planetas, de vivientes, son los Ángeles.

Punto 2º. Considera, alma mía, que Dios nuestro Señor nos habla, por boca de sus santos, de ese número de Ángeles, inaccesible a nuestra débil inteligencia: así el Profeta Daniel, dice que un millar de millares que ejecutaban las órdenes de Dios y mil millones estaban en su presencia.[3]

---

[3] Daniel Cap. VII. 10.

El Apóstol San Pablo cuenta una multitud de muchedumbres de miles.[4] San Juan refiere haber visto miríadas de miríadas, esto es, un ejército innumerable que nadie basta para poderlo contar.[5] Mas ¿por qué ha creado Dios tantos espíritus, cuyo número excede al de los seres corpóreos? Bossuet y Santo Tomás nos dan la razón: el primero dice porque nada le cuesta a Dios multiplicar las cosas excelentes; y lo que hay de más bello, es por decirlo así lo que Él más prodiga.[6]

El segundo, con aquella profundidad que caracteriza todas sus razones, se expresa en los siguientes términos: "Porque lo que Dios intenta en la creación principalmente es la perfección del universo que se aproxima, en cuanto es posible, a su propia perfección, la cual le comunica multiplicando sobre manera las cosas más perfectas. No pudiendo comunicar a los Ángeles la inmensidad de extensión, que sólo conviene a los cuerpos, les comunica la inmensidad de número, de tal suerte que excedan incomparablemente en multitud a todas las sustancias creadas".[7]

Con mucha razón pueden aplicarse a esas muchedumbres inconmensurables de Ángeles aquellas bellísimas palabras de Job: "Grandes e incomprensibles maravillas cuyo número se ignora".[8] No nos cansemos, pues, de dar gracias al Todopoderoso por habernos dado a conocer la existencia de esas multitudes asombrosas de

---

[4] Hebr. Cap. XII v. 22.
[5] Turbam. niagnam quam dinumerare nenio potérat. *Apocalip.* Cap. V. v. 11. Cap. VII. 9
[6] Euvres completes de Bossuet, edition de L. Volume VII, Elévationssur les mistéres, IV semaine, p. 62
[7] Summ. Theol. I Part. p. 50, art. 3
[8] Job IX. 6: 4

Ángeles en quienes brilla con los más vivos resplandores la inmensidad infinita de Dios.

JACULATORIA

Dios Omnipotente, hacedme participante de las gracias y méritos de esas legiones de Ángeles que habéis creado, para que siempre alabe y bendiga tu poder.

PRÁCTICA

Al contemplar en las noches serenas la multitud de astros que pueblan el firmamento, pensad en la multitud de Ángeles que pueblan el Cielo y suspirad por contemplar aquellas hermosuras.

Se rezan tres Padre Nuestros y tres Ave Marías con Gloria Patri y se ofrecen con la siguiente

ORACIÓN

¡Oh bienaventurados espíritus! que habéis salido de los tesoros de la bondad de Dios, en multitudes tan grandes que asombran y aturden nuestra flaca razón, presentad ante el trono de vuestro Rey nuestras humildes oraciones, para que sean multiplicados hasta el fin del mundo los santos de la Tierra, y crezca de este modo la muchedumbre de los bienaventurados que pueblan el Cielo y aumenten las armonías y dulces acordes que resuenan en las bóvedas celestes por toda la eternidad. Amén.

EJEMPLOS

El Arcángel San Gabriel anunció a Zacarías el nacimiento del Precursor Juan Bautista y a la Santísima Virgen la encarnación del Salvador del mundo. Escuadrones esclarecidos de la milicia celestial, rodean el pesebre donde reposó el divino Niño; y al derramarse por las llanuras de Belem entonan el himno: "Gloria a Dios en las alturas y paz en la Tierra a los hombres de buena voluntad. He ahí una gran nueva y un gran gozo; os ha nacido hoy un gran Salvador"[9] y postrándose ante el Hijo del Altísimo, le forman guardia alrededor de su Majestad anonadada y le protegen contra la persecución de Herodes y contra las emboscadas de sus hermanos caídos.

Cuando los Ángeles vieron a su Creador en el huerto de las olivas, anegado en la tristeza y agonía de muerte, ellos detuvieron su cabeza desfallecida y le confortaron. Un poco más tarde, cuando fue sepultado en las entrañas de la Tierra el Salvador, ellos fueron los mensajeros y heraldos de su triunfo, levantaron la loza del sepulcro, celebraron su victoria sobre la muerte y dijeron a todos los que le habían amado: "El Señor verdaderamente ha resucitado: *Surrexit Dominus vere*".[10] Pero Jesús resucitado no se llevó consigo los Ángeles al Cielo; desde el Empíreo los mandó a consolar a sus Apóstoles: Un Ángel visitó a San Pedro en su prisión, rompió sus cadenas y lo puso en libertad.[11] Un Ángel llevó a San Felipe a donde lo esperaba un neófito para recibir el bautismo.[12] Otro Ángel confortó a San Pablo en medio de una tempestad.[13]

Y otro Ángel recreó con visiones admirables al discípulo desterrado en Patmos.[14]

Oración fin a la Reina de los Ángeles: Oh María etc.

---

[9] Luc. II
[10] Los cuatro Evangelios
[11] Act. V. 12
[12] Act. VIII. 1
[13] Act. X
[14] Act. XXVII, 23-24.

DÍA TRES
LA ORACIÓN PREPARATORIA COMO EL PRIMER DÍA
MEDITACIÓN
NATURALEZA DE LOS ÁNGELES

Punto 1º. Considera, alma mía, cuán difícil es comprender la naturaleza de los Ángeles y mucho más difícil todavía explicarla; sin embargo, por el conocimiento que tenemos de nuestra alma, podemos, por decirlo así, columbrar algo de la esencia de esos espíritus inefables.

En efecto, los Ángeles son a la manera que Dios, espíritus puros sin mezcla de materia alguna y simples como nuestra alma, y mucho más, sin composición de partes corpóreas y aunque esta simplicidad supere a la de nuestra alma, sin embargo nunca iguala ni igualará jamás a la de Dios; porque si su inteligencia posee las ideas infusas, si su voluntad está en acto desde el momento de su creación, no por esto se hallan exentos de otra composición más sutil y absolutamente inmaterial, pues que su sustancia no se identifica con su acción; su virtud operativa no se identifica con su esencia, ni su esencia es lo mismo que su existencia; mientras que en Dios, sustancia, esencia, virtud operativa y operación son una sola y una misma cosa, un solo y un mismo ser eterno y necesario.

La muerte y el tiempo que destruyen nuestro cuerpo, no tienen parte en ellos; ningún poder creado puede atentar contra su ser ni romper su unidad perfecta; solo Dios por un acto soberano de su omnipotencia podría aniquilarlos si su decreto eterno no los hubiera hecho inmortales.

Punto 2º. Considera, en segundo lugar, que los Ángeles no son como nuestras almas, espíritus destinados por su misma esencia para informar y animar cuerpos orgánicos, con los cuales constituyan naturalezas o seres perfectos como los hombres; porque sus nobles facultades, el entendimiento y la voluntad, ejercen su acción sobre la verdad y el bien independientemente de todo auxilio corpóreo, y aunque no vean, oigan, huelan, toquen, sientan ni imaginen objetos corpóreos, no por esto dejan de ser perfectos en su ser, naturaleza y facultades, pues la carencia de estas virtudes sensitivas en ellos, no implica ni envuelve ninguna imperfección: a la manera que una piedra preciosa no se dice nunca imperfecta porque carezca del perfume de la flor, ni la flor se llama imperfecta porque no tenga la facultad de sentir ni de imaginar.

Siendo, pues, los Ángeles, simples, puros é incorpóreos, son por lo mismo invisibles; más como las cualidades morales, y en particular las que más se alejan de la materia, residen en ellos de un modo más propio; he aquí por qué aplicamos aquellas expresiones a nuestros semejantes, cuando poseen las más hermosas virtudes, así decimos: una belleza de Ángel, una pureza de Ángel, un amor de Ángel; y porque en los niños brillan el candor, la gracia y la inocencia, que en los Ángeles se encuentran en el grado más alto, por eso decimos que los niños son ángeles.

También por estas razones se les ve representados en cuadros con cuerpos parecidos al nuestro, y así bajo estas formas, han aparecido frecuentemente en la Tierra.

Los Ángeles, pues, con su naturaleza tan pura, tan simple y tan exenta de las pasiones groseras de la carne y de la sangre, nos convidan a que los imitemos, combatiendo con los auxilios de la gracia, las inclinaciones de la concupiscencia; espiritualizando en cierto modo todas nuestras palabras, obras y pensamientos, hagámoslo así y seremos tan santos y tan dichosos como ellos.

JACULATORIA

Espíritus bienaventurados que estáis por vuestra esencia libres de toda inclinación a la impureza, hacednos puros y castos como vosotros.

PRÁCTICA

Rezar todos los días por la mañana tres Ave Marías a la Reina de los Ángeles para que nos alcance de su Santísimo Hijo el don de la castidad.

Se rezan tres Padre Nuestros y tres Ave Marías con Gloria Patri y se ofrecen con la siguiente

ORACIÓN

¡Oh gloriosísimos espíritus, purísimas sustancias, inteligencias elevadas! que por la excelencia de vuestro noble ser reflejáis mejor que las otras criaturas la naturaleza y perfecciones infinitas de la Divinidad, acercándoos más y más a la esencia purísima del Espíritu increado; interceded por nosotros que estamos aprisionados con los lazos de este cuerpo rebelde que nos inclina a cada paso a los deleites sensuales; y, Vos ¡oh Santo Ángel Rafael! cuyo nombre se interpreta Medicina de Dios, curad nuestra alma de una ceguera más peligrosa que la del Santo Tobías, porque las pasiones han cubierto nuestro espíritu de densas tinieblas que le impiden elevarse a lo puramente espiritual y divino; así lo esperamos de vuestros ruegos poderosos y de los de vuestros celestes compañeros. Amén.

EJEMPLOS

Los guerreros hermanos de Santo Tomás de Aquino descontentos con él por su constante empeño en abrazar el estado religioso, atentaron contra su vocación y virtud de un modo tal, que el labio avergonzado apenas se atreve a referirlo, pero los Ángeles del Cielo, que son todo santidad y pureza, le libraron del asalto más terrible contra su castidad.

Estos hermanos indignos de llevar el nombre de su estirpe encarcelaron a Tomás en una torre del castillo de Roca-seca y a deshora introdujeron en su alcoba a una hermosa y desenvuelta cortesana, que tenía el negro encargo de rendir al virgen mancebo con sus halagos infernales.

Asómbrase el casto mozo al verla a su lado y en vez de gritar, cosa de mujeres, o huir, propio de cobardes, invoca con fervor a Dios y a la Virgen Purísima; "La Sangre del príncipe y del guerrero, como dice un panegirista del Santo, se despierta bajo el hábito del monje, y combatiendo al enemigo con el hierro y el fuego".[15] Toma un tizón encendido y arremete con él a la meretriz que temerosa y corrida huyó precipitadamente.

Cuando el Santo se vio libre y solo, trazó una cruz en la pared con el mismo tizón, y cayendo de rodillas, prorrumpió en lágrimas pudorosas de gratitud y confusión.

Temblando y lloroso pedía Tomás a Dios la hermosa virtud de la castidad; cuando sueño inusitado cerró sus párpados, dos espíritus puros le felicitaron por su victoria y ciñeron a su cuerpo el cíngulo de la virginidad, apretándole con tal fuerza, que el dolor despertó e hizo lanzar un grito a nuestro héroe. Durante toda su vida usó Santo Tomás este cíngulo

---

[15] Pereive.

que hoy se venera en la iglesia de los Dominicos de Chieri, cerca de Turín.

Oración final a la Reina de los Ángeles: Oh María etc.

DÍA CUATRO
LA ORACIÓN PREPARATORIA COMO EL PRIMER DÍA
MEDITACIÓN
CIENCIA DE LOS ÁNGELES

Punto 1º. Considera, alma mía, que siendo los Ángeles espíritus de un orden inteligible superior al nuestro, están dotados de una inteligencia tan poderosa, que excede incomparablemente a la nuestra; al darles Dios el ser les ha dado al mismo tiempo su perfección intelectual, cual corresponde a su naturaleza, de manera que desde los albores de su existencia, desde el primer instante en que fueron creados, sus entendimientos recibieron las ideas divinas que, iluminando toda su sustancia, la convirtieron, si se permite la expresión, en un espejo purísimo en el cual contemplan, con una visión o intuición clarísima todos sus accidentes y todas las perfecciones que les son debidas; no necesitan, pues, como nosotros, de un acto reflejo que conociendo solamente las operaciones, les haga adquirir por este medio la ciencia de su ser y de sus facultades.

El entendimiento de los Ángeles sin intermedios ningunos conoce inmediatamente su propia sustancia, ésta se presenta por sí misma a su virtud intelectiva, y ellos no tienen más que abrir los ojos, por decirlo así, para contemplar desde luego en sí mismos toda la verdad, toda la grandeza, toda la hermosura, no sólo de la excelencia de su ser, sino de todas las naturalezas criadas; ahí admiran la perfección y armonía del universo; comprenden el orden de los astros y sus movimientos, se complacen con la belleza de las plantas y de las flores de nuestro globo, con la variedad asombrosa de sus animales, penetran los múltiples instintos de éstos, ahí registran con una sola mirada todas las ciencias de los sabios de la Tierra, y les parecen juegos de niños los maravillosos y sorprendentes descubrimientos del hombre. ¡Oh! ¿quién es capaz de comprender el poder de la inteligencia de los Ángeles?

Punto 2º. Considera también que los Ángeles no han adquirido la ciencia que poseen, como nosotros, es decir, después de largas vigilias y heroicos esfuerzos, expuesta a las vicisitudes humanas. ¡Qué afanes y qué trabajos no son necesarios para aprender una ciencia humana, cualquiera que sea!

El más aventajado filósofo necesita muchos años de estudio para merecer ese nombre; y su inteligencia por más ilustrada que esté no puede abarcar en un punto del tiempo toda la extensión y comprensión de los objetos de sus conocimientos; y cuando quiere comunicar su ciencia a los demás, se ve obligado a trasladarla en parcialidades menudas, por decirlo así, y sucesivamente, de instante en instante, hallándose impotente para enseñarla toda a la vez en un solo acto, en una sola explicación.

No es así la inteligencia del Ángel, ella abraza la verdad íntegra de una ciencia en una o muy pocas ideas; el hombre, por el contrario, necesita recorrer una por una todas las partes que constituyen un objeto cualquiera para adquirir un concepto perfecto de él. Para formarse idea cabal de la hermosura de un jardín o de un bello cuadro, ha menester muchas horas, y quizá muchos días, para ir apreciando una por una todas las clases de plantas y flores, su orden y armonía de cuyo conjunto resulta la belleza del jardín; y todos los rasgos, líneas, sombras y colores, de cuya disposición nace la hermosura del cuadro; más el Ángel con una sola mirada comprendería sin tiempo ni esfuerzo en un momento todas estas bellezas en su conjunto y en sus pormenores, y aun descubriría todo lo que pudiera escaparse al ojo perspicaz del más distinguido naturalista y más célebre pintor.

Pero no sólo es admirable la ciencia de los Ángeles en el orden puramente natural, sino que su ciencia sobrenatural sobrepuja nuestros débiles alcances; iluminados sus entendimientos por los esplendores de la luz de la gloria que el Creador infunde en sus espíritus, y ayudados por las sublimísimas ideas que en premio de su fidelidad ha depositado en sus sustancias; penetran en el santuario de la Divinidad, y ahí sorprenden los más grandes arcanos de aquel abismo infinito de sabiduría, v desfilan ante su extasiada inteligencia todos los altos misterios de la gracia y de la fe, no velados por ningunas sombras, sino claros, patentes y como ellos son en sí mismos.

La Trinidad santísima, la Encarnación del Verbo divino, la virginidad de la Madre de Dios, la Redención de hombre, y en una palabra, todas las verdades sobrenaturales de nuestra religión son objeto de su beatífica visión, de su felicidad eterna.

Llenémonos, pues, de un santo regocijo al considerar que algún día poseeremos la ciencia de los Ángeles y seremos a ellos semejantes, procuremos mientras, en este valle de llanto y de miserias, adquirir primero la ciencia de Jesús Crucificado, para contemplar después en el Cielo, sin los velos de la fe, la ciencia de los bienaventurados, de los Ángeles y Dios.

JACULATORIA

Santos Ángeles, alcanzadnos de la Sabiduría infinita la ciencia de los Santos.

PRÁCTICA

Rezad todos los días el *Angelus* a los toques del alba, la doce del día y a la oración de la noche, para que el Señor se digne anunciarnos los misterios de la Encarnación y Redención cuyo conocimiento constituye la ciencia más importante del cristiano en este mundo.

ORACIÓN

Sapientísimos espíritus, excelsos Querubines, que no solo conocéis los arcanos profundos de la sabiduría increada, sino que también os ha sido dado entender los abismos del humano corazón, y sabéis hasta que grado llega la ignorancia de nuestra s pobres inteligencias; dignaos disipar con vuestras luces las densísimas tinieblas que por todas partes nos rodean, impidiéndonos conocer las sendas que hemos de recorrer para llegar al seguro puerto de salvación; interceded por nosotros para que no poseamos en la Tierra otra ciencia que la de la virtud y del bien; bañad nuestras inteligencias con los dulces resplandores de vuestra ciencia, para que como vosotros contemplemos en un día eterno a la Divinidad. Amén.

EJEMPLO

Preguntando a uno de los padres del desierto, que medio empleaba para mantenerse siempre de igual humor, contestó: contemplo a menudo al Ángel custodio, que tengo siempre a mi lado, pienso que me asiste en todas mis necesidades, que me dicta en todas circunstancias lo que debo decir y hacer, y escribe el modo cómo hago cada una de mis acciones.

Esta vista me penetra de un religioso respeto para con él, y hace que esté siempre atento en no decir ni hacer nada que pueda disgustar a mi buen Ángel. *Año Feliz.*

Oración final a la Reina de los Ángeles, Oh María etc.

DÍA CINCO
LA ORACIÓN PREPARATORIA COMO EL PRIMER DÍA
MEDITACIÓN
AMOR DE LOS ÁNGELES

Punto 1º. Considera, alma mía, que los Ángeles, siendo espíritus, están por esto mismo dotados de voluntad o sea la facultad de querer el bien, la cual tiene una relación tan estrecha con el entendimiento, que a medida que crece el conocimiento del bien, aumenta también en proporción la inclinación o adhesión de la voluntad hasta aquel grado que se llama amor, el cual no es otra cosa que la misma adhesión de la voluntad a un bien determinado, en cuanto que produce la unión del amante con el objeto amado, llenándolo de dulce arrobamiento.

Así, pues, mientras más se conoce la bondad de un objeto, más se ama, y como los Ángeles, según vimos ayer, tienen un conocimiento elevadísimo no sólo de la bondad de Dios y de sí mismos, sino también de la de todos los demás seres de la creación, considera cuál será el amor que profesan a Dios, el que se tienen entre sí mismos y a nosotros por Dios.

Si el entendimiento tiende a atraer y a unir los objetos de fuera a sí mismo, ya que no en la realidad, al menos en sus semejanzas intelectuales que los representan; la voluntad, por el contrario, o el amor tiende a unirse con el objeto amado, a ser una y misma cosa con él casi olvidándose de sí mismo. Los Ángeles aman, pues, a Dios con un amor vehementísimo; aquel cúmulo de perfecciones atrae como un poderoso imán al hierro a sus corazones, que se sumergen en un piélago de éxtasis o arrobamientos tan dulces y deleitosos; que esto mismo constituye toda su felicidad o bienaventuranza.

Punto 2º. Pero los Ángeles al amar a Dios con un afecto tan crecido é inefable, no dejan de amar los demás bienes que no sean Dios y especialmente las criaturas racionales: en primer lugar, porque no pierden el conocimiento de su bondad, pues que ésta es el objeto del amor y los seres creados son todos buenos, según la expresión del Sagrado Texto[16] vio Dios todas las cosas que había creado y eran muy buenas, *Vidit Deus cuncta quae fecerat et erant valde bona;* y como conocen todos estos bienes, no pueden menos que amarlos; en segundo lugar, porque al hacerse una misma cosa con Dios participan de su misma naturaleza, puesto que Dios es amor, es caridad, *Deus Charitas est.* Por consiguiente, cuanto Dios ama, ellos también lo aman necesariamente; y como las criaturas racionales y su perfección moral son el objeto predilecto del amor de Dios, he aquí porque también los Ángeles nos aman sobremanera a nosotros, criaturas racionales.

Aún hay más razones que nos demuestran cuan grande, cuan sumo es el amor de los Ángeles para con nosotros los hombres. El bien es de sí mismo difusivo, *bonum est diffusivum sui;* pues bien, Dios para reparar todos los males que el género humano ha contraído por culpa del primer hombre, y para darnos una prueba la más patente de su infinito amor, no

---

[16] Gen. I, 31

vaciló en dar al mundo a su Unigénito Hijo; *Sic Deus dilexit mundum ut Filium suum unigenitum daret*[17] y tomó nuestra naturaleza y se hizo Dios y hombre, padeciendo y muriendo por la hum anidad entera; desde entonces quedamos todos los hombres hijos de Dios, hermanos suyos, miembros del cuerpo místico de Jesucristo que es Dios.

Los espíritus angélicos contemplan asombrados nuestro ser así enaltecido, sublimado, elevado y convertido en cierto modo en la misma Divinidad y superior al ser de ellos bajo este aspecto, y entonces prorrumpen en alabanzas a su Creador; nos rinden sus respetos, y sus corazones saltando de amor en sus pechos, no anhelan ni quieren para nosotros más que lo que Dios anhela y quiere, es decir, nuestra salvación y nuestra felicidad y esto no es más que amarnos.

JACULATORIA

Ángeles que os consumís de amor en el fuego de la caridad divina, abrasad nuestros corazones.

PRÁCTICA

Sed muy devotos de los Serafines a quienes se atribuye un amor más ardiente que a los demás Ángeles, y exclamad frecuentemente con ellos: Santo, Santo, Santo, Señor Dios de los ejércitos; llenos están los Cielos y la Tierra de vuestra gloria y majestad.

Se rezan tres (Padre Nuestros y tres Ave Marías con Gloria Patri y se ofrecen con la siguiente

ORACIÓN

Espíritus dichosos, Ángeles amantes, y en particular vosotros, enamorados Serafines, que os estáis abrasan

---

[17] Juan III, 16

do eternamente en aquel fuego inextinguible de la Divinidad, desprended de ese incendio de amor algunas chispas que, cayendo en nuestros helados corazones los inflamen de tal modo, que se conviertan en llamas vivientes del amor divino y se hagan un solo corazón aquí en la Tierra con el corazón amorosísimo de Jesús Sacramentado. Amén.

EJEMPLO

La gran Doctora, el Serafín humanado, Santa Teresa de Jesús, en su vida escrita por ella misma, refiere lo siguiente: "Quiso el Señor que viese aquí algunas veces esta visión, veía un Ángel cerca de mí hacia el lado izquierdo en forma corporal, lo que no suelo ver sino por maravilla, aunque muchas veces se me representan Ángeles sin verlos, sino como la visión pasada, que dije primero.

En esta visión quiso el Señor le viese así, no era grande, sino pequeño, hermoso mucho, el rostro tan encendido, que parecía de los Ángeles muy subidos que parece todos se abrazan: deben ser los que llaman Serafines, que los nombres no me lo dicen, más bien veo que en el Cielo hay tanta diferencia de unos Ángeles a otros, y de otros a otros, que no lo sabría decir. Veíale en las manos un dardo de oro largo, y al fin del hierro me parecía tener un poco de fuego. Este me parecía meter por el corazón algunas veces, y que me llegaba a las entrañas: al sacarle me parecía las llevaba consigo, y me dejaba toda abrasada en amor grande de Dios. Era tan grande el dolor que me hacía dar aquellos quejidos, y tan excesiva la suavidad que me pone este grandísimo dolor, que no hay que desear que se quite, ni se contenta el alma con menos que Dios" [*Vida de Santa Teresa* Cap. 29. n. 11.]

Oración final a la Reina de los Ángeles. Oh María etc.

DÍA SEIS
LA ORACIÓN PREPARATORIA COMO EL PRIMER DÍA
MEDITACIÓN
PODER DE LOS ÁNGELES

Punto 1º. Considera, alma mía, que los Ángeles están dotados de un poder tan extraordinario, que por él pueden obrar las más estupendas maravillas, pues siendo como unos seres intermedios entre Dios y el hombre, naturalmente participan a su modo de sus perfecciones más sobresalientes. Así Dios por razón de su inmensidad está presente y obra al mismo tiempo en todos los lugares, el alma humana en cuanto es informativa o vivificativa del cuerpo, está presente y obra en él.

El Ángel aunque no informe al cuerpo como el alma ni lo produzca como Dios; sin embargo como un motor puede estar presente y obrar en los cuerpos por la acción de su propia virtud, sin la intervención de auxilios sobrenaturales; porque de lo contrario el Ángel, que es espíritu más perfecto que el alma, carecería de una perfección que no repugna a su naturaleza; y sería, bajo este respecto, inferior a la misma alma, pues que ésta mueve a su propio cuerpo, y mediante él puede moverse de un lugar a otro.

No, los Ángeles no están inmóviles ni en perpetuo reposo; ellos se mueven y obran con un movimiento y una acción enteramente espirituales, cuyos modos misteriosos no alcanzamos a comprender, de otra manera no podrían impartirnos sus favores ni desempeñar sus sagradas funciones para con nosotros.

Punto 2º. Considera, alma mía, que, en virtud de la actividad prodigiosa de ese poder, los Ángeles pueden estar sucesivamente en todas partes, trasladándose de un punto a otro con una velocidad que admira; porque son más veloces que esos pájaros que hienden rápidamente los aires; son más veloces que el sonido que nos viene desde lejos en las movibles ondas de la atmósfera, son más veloces que el rayo que se desprende de las nubes; son más veloces que la luz del sol que recorre setenta y cinco leguas por segundo; en una palabra, son tan veloces que sólo el pensamiento puede darnos una idea de su prodigiosa actividad, pues así como con el pensamiento salvando los intermedios nos trasladamos instantáneamente del oriente al occidente, del septentrión al mediodía, de nuestro planeta a la estrella más remota; así los Ángeles se trasladan con igual velocidad de un punto a otro del Universo.

Todavía más, el poder angélico no se limita sólo al movimiento propio, extiéndese su acción sobre los demás seres creados, obra sobre los elementos: el aire, el agua, la Tierra , el fuego; ejerce imperio hasta sobre sus semejantes en naturaleza, es decir, sobre los demonios; así nos lo asegura la Santa Escritura, cuando el Apóstol San Juan nos describe el gran poder que desplegarán al fin del mundo, porque entonces, los Ángeles reunirán el polvo de los sepulcros, o las cenizas esparcidas por los cuatro vientos y formarán de nuevo los cuerpos de los vivientes para ser otra vez inormados por sus almas.

Del Santo Arcángel San Rafael sabemos que ató a Satanás que contristaba amargamente a Sara, y lo relegó a un desierto. Sirvióse Dios de otro ángel para trasladar en un momento al profeta Habacuc desde Judea a Babilonia, para llevar la comida a Daniel que estaba en la cueva de los leones, desde donde le volvió inmediatamente a Judea. Bastó un Ángel de Dios a quitar toda virtud a las llamas del horno encendido por Nabucodonosor, y a preservar a los mancebos que habían echado allá dentro.

Un Ángel en un momento derribó la gruesa piedra del sepulcro donde estaban depositados los restos sagrados de Jesús. De estos hechos y otros muchos que pudieran citarse, se ve cuan grande sea el poder de los Ángeles en hacer obras maravillosas.

Meditemos, pues, en este poder angélico y recordemos con júbilo que el Señor nos ha prometido que seremos semejantes a los Ángeles después del juicio universal, porque con las dotes gloriosas de la agilidad y sutileza, volaremos como los Ángeles a esas esferas y recorreremos en pocos instantes las bellezas de esos mundos desconocidos, recreándonos con la hermosa variedad de los seres que los pueblan y con los bellos matices de sus brillantes colores; roguemos a los Ángeles porque se apresure en llegar ese día tan venturoso.

JACULATORIA

Fortalezas angélicas, allanadme el camino de la virtud, quitando todos los obstáculos que pueden impedirme el paso, a fin de que llegue al más alto grado de perfección y santidad.

PRÁCTICA

Imitad a los Santos Ángeles que son incansables en el ejercicio de su poder, practicando cuantas buenas obras de caridad se os ofrecieren, que estén a vuestro alcance.

Se rezan tres Padre nuestros y tres Ave Marías con gloria Patri y se ofrecen con la siguiente

ORACIÓN

Ángeles poderosos, virtudes ejecutoras de las órdenes del Altísimo, nosotros, débiles mortales, reconocemos vuestro poder, y humildemente os pedimos que nos ayudéis a vencer a tantos enemigos que constantemente nos incitan al mal; pedid al Dios de los ejércitos nos haga participantes de vuestra fortaleza, para que con vosotros triunfemos siempre y en todo lugar de nuestros enemigos para mayor gloria de Dios y bien de nuestras almas. Amen.

EJEMPLO

Avanzaba Timoteo, general del impío Antíoco, con un ejército formidable contra los judíos, cuando Judas Macabeo y su pequeño ejército se pusieron en oración. Cubierta de ceniza la cabeza y el cuerpo de silicio, postráronse delante del altar, suplicando al Señor les fuera propicio.

Al salir el sol principió el combate; pero en lo más recio de la batalla aparecieron cinco varones, venidos del Cielo, montados en caballos, cuyos frenos eran de oro, abriendo el camino a Judas Macabeo entre las filas de los enemigos. Pusiéronse dos a sus lados, arrojando a los contrarios flechas y rayos que los cegaban, y así metiendo el desorden en el ejército, quedaron muertos en el campo de batalla veinticinco mil infantes y seiscientos caballos.

Oración final a la Reina de los Ángeles Oh María etc.

DÍA SIETE
ORACIÓN PREPARATORIA COMO EL PRIMER DÍA
MEDITACIÓN
VARIEDAD O ESPECIES DISTINTAS DE ÁNGELES

Punto 1º. Considera, alma mía, que así como el mundo corpóreo no presenta a nuestra encantada vista el desagradable espectáculo de la monotonía, en el que todos los seres que lo llenan fueran iguales sin sucesivos grados de perfección; así también el mundo de los espíritus no presenta a nuestra arrobada inteligencia el espectáculo de una multitud de seres iguales los unos a los otros, de manera que para conocerlos todos baste sólo conocer uno.

En el vasto cuadro de la naturaleza, en cada orden de seres vemos una variedad inmensa que nos deleita y enajena; en las aves que pueblan la atmósfera sin dejar de ser aves, ¡qué variedad de figuras, decolores, de plumajes, de cantos, de instintos! en los animales que habitan la Tierra, ¡cuán grande es la diversidad desde los vivientes microscópicos hasta el elefante! ¿quién es capaz de enumerar todas las clases?

En el mar, ¿no se encuentran en su seno, como lo aseguran los naturalistas tan tas especies y tan variadas como los habitantes del aire y de la Tierra? ¿Y sólo los Ángeles que son en número casi infinitamente mayores que los cuerpos del universo habían de ser todos iguales sin ofrecer ninguna variedad en sus naturalezas y perfecciones?

Punto 2º. Considera cuan admirable es esa escala ascendente de las especies de los Ángeles, pues que no habiendo dos completamente iguales, hay entre ellos tantos grados de perfección, cuantos son en su prodigioso número, y como cada grado de perfección en el Ángel, según dice Santo Tomás, constituye una especie, la variedad de Ángeles es portentosa; así pues, la nobleza, excelencia y perfección de los Ángeles crecen y se aumentan a proporción que se elevan de los inferiores a los superiores, pues siéndolas esencias o naturalezas de los seres como los números, a quienes si se agrega o quita la unidad, se cambia su especie o naturaleza, y los mayores contienen a los menores, como el 7 contiene al 2 al 3 al 4 etc; los Ángeles por igual manera son más excelentes y más nobles a medida que contienen más grados de perfección en su ser hasta llegar al Príncipe de la milicia celestial, el cual contiene eminentemente en sí todas las innumerables perfecciones repartidas en los millones y millones de sus inferiores.

En el hombre encontramos algo semejante que pueda darnos una pálida idea de esa nobleza y excelencia ascendente de los Ángeles superiores, porque el hombre contiene en sí de un modo eminente la esencia y perfecciones de sus inferiores, como de los elementos, las plantas, los animales y un grado superior, el de la propia racionalidad.

¡Qué bello espectáculo presentarán pues, los Ángeles agrupados en torno del Altísimo, a las miradas de los bienaventurados que recorrerán con asombro la inmensa variedad de sus perfecciones y bellezas! ¡Oh! dilátense nuestros corazones de gozo al pensar que también nosotros los desterrad os en este valle de lágrimas, brillaremos en el Cielo después de la resurrección con claridades distintas, como unas estrellas resplandecen con fulgores distintos de los de las otras: *Sicut stella, difert a stella in claritate, sic et in resurrectione mortuorum.*[18]

JACULATORIA

Espíritus celestiales, que mostráis la sabiduría de Dios en la variedad de vuestras nobles naturalezas, alcanzadme de vuestro Creador la gracia de practicar todas las virtudes de que soy capaz.

PRÁCTICA

Imitad las buenas obras que veáis ejecutar en vuestros hermanos, y, sobre todo, imitad las virtudes de los santos para que seáis más perfectos en adelante.

---

[18] I Cor. XV, 41, 42.

Se rezan tres (Padre nuestros y tres Ave Marías con Gloria Patri etc. y se ofrecen con la siguiente

ORACIÓN

Soberanos espíritus, felices habitantes del Paraíso, que con la desigualdad de vuestras nobles naturalezas desde la última hasta la primera, estáis haciendo brillar el orden maravilloso en que plugo al Creador sacaros de la nada para mayor esplendor de su gloria; haced que nosotros, sordos a los gritos de la soberbia, nos conformemos con los males y defectos de nuestra condición y estado, sin aspirar a igualarnos a los que en bienes puramente terrenales nos sean superiores; sino que únicamente envidiemos la santidad de los bienaventurados del Cielo. Amén.

EJEMPLO

Estando San Bernardo una noche velando en oración, vio a los Ángeles, que con grande diligencia anotaban los nombres de los que entonces oraban, y que con sus plumas los escribían, pero advirtió una grande diferencia: que los de aquellos que oraban con atención y fervor grande, los escribían con letras de oro; los de los menos fervorosos con letras de plata; los de los que tenían buena voluntad de orar, pero sin llegar al efecto, con tinta; los de los que oraban soñolientos o sin atención, con agua; y finalmente de los que oraban estando en pecado mortal o voluntariamente distraídos, nada escribían. Mira, tú, cómo escribirán los Ángeles tus ordinarias oraciones.

Oración final a la Reina de los Ángeles, Oh María etc.

DÍA OCHO
ORACIÓN PREPARATORIA COMO EL PRIMER DÍA
MEDITACIÓN
HERMOSURA DE LOS ÁNGELES

Punto 1º. Considera, alma mía, cuán difícil es, por no decir imposible, explicar la hermosura de los Ángeles, su belleza más bien se siente que se explica, y esto imperfectamente; los escritores que se han ocupado en describir las grandezas del cristianismo, se han considerado impotentes para hablar de este asunto; un piadoso escritor dice a este propósito:[19]

"Para hablar de la hermosura de los Ángeles más elocuente es el silencio. Cuando las palabras son insuficientes para expresar lo que el entendimiento columbra, se debe callar después de haber nombrado el objeto inenarrable que con su mucha luz nos ofusca y nos enmudece".

Así es, en efecto, nuestro entendimiento, acostumbrado a entenderlo todo bajo imágenes sensibles, y nuestra imaginación y sentidos, habituados a no percibir otras bellezas que las puramente corporales, hállanse impotentes para narrar la hermosura puramente espiritual de los Ángeles; examinemos, sin embargo, un rasgo, imperfecto que sea, de esa belleza angelical (pie admira nuestra inteligencia y encanta y arroba nuestros corazones.

Generalmente se llaman bellos o hermosos los objetos que produciendo en el entendimiento cierta complacencia o deleite espiritual, hacen que descanse o repose en ellos el apetito de la voluntad; por esto las

---

[19] Don Juan Manuel de Berriozabal, *Bellezas de la Biblia,* tomo I, cap. VI.

plantas, las flores, las perlas, la plata, el oro, los valles, los montes, los lagos, la luna, las estrellas, son y los llamamos hermosos, pues cuando los contemplamos con atención, el entendimiento se extasía y el corazón se siente como descansar o reposar en ellos. Mas ¿cuáles son las cualidades o atributos fundamentales del objeto que produce en nosotros tan dulces efectos?

El angélico Dr. Santo Tomás nos dice que para la hermosura de un objeto se requieren tres cosas[20] su integridad o perfección, la debida proporción o consonancia y la claridad; es decir, que para que un ser sea hermoso o capaz de cautivar la inteligencia y el corazón, ha de tener en sí completamente todos los elementos indispensables a su naturaleza íntegra y perfecta; ha de haber armonía o disposición ordenada en estos elementos, de tal suerte que constituyan el objeto uno a pesar de su multiplicidad; y por último, el objeto ha de estar adornado de claridad y esplendor.

Ahora bien; ¿quién puede dudar que en los Ángeles se encuentran reunidas mejor que en otras criaturas todas estas condiciones? Son por lo mismo los seres más hermosos de la creación.

Punto 2º. Considera, pues, que a la naturaleza de los Ángeles no falta ninguno de los atributos que les son debidos, como simplicidad, inteligencia, voluntad, etc., que todas estas perfecciones se relacionan y armonizan entre sí de un modo tan admirable, que constituyen una unidad perfecta; y a medida que estos espíritus son más simples son participantes de mayor número de perfecciones, acercándose a Dios, aunque sin igualarlo nunca, en quien se hallan de un modo eminente, cuantas perfección es y hermosuras están

---

[20] P. I. q. 39, a. 8.

esparcidas en el universo entero y cuantas hay posibles e imaginables; finalmente, los Ángeles están bañados, por decirlo así, de luces, claridad es, esplendores tan vivos que brillan con una magnificencia en cantador a todas sus dotes, excelencias, prerrogativas y de más perfecciones.

No extrañemos, por tanto, que siempre que los Ángeles se han aparecido en la Tierra a los santos, lo hayan hecho bajo las formas más bellas que jamás el ojo humano ha visto.

Hallándose en presencia de uno de ellos el profeta Daniel, a la vista de aquella majestad sintió le faltaban las fuerzas; tan sobrecogido quedó. Cuenta de sí el Apóstol San Juan, que viendo a un Ángel en su hermosura, iba a adorarle como a Dios, tomando su majestad por la divina; y no es de creer aún que lo viese en toda su natural belleza, que es toda intelectual e inaccesible al hombre. Consideremos, pues, ¡de qué espectáculo gozaremos en el Cielo, cuando podamos recorrer, empezando por el último de los Ángeles y no parando hasta el Serafín más excelso, todas las jerarquías y contemplar sus dotes singulares, no fueran más que las solas dotes naturales.

JACULATORIA

Ángeles que reflejáis en vuestro ser la hermosura de Dios, pedid que brille en todas nuestras palabras, acciones y pensamientos la belleza y gracia de la santidad.

PRÁCTICA

Recordad con frecuencia el estado felicísimo en que fueron creados nuestros primeros padres, y pedid al Señor nos devuelva con usura, después de la resurrección universal, la hermosura de la naturaleza y de la gracia que hemos perdido por el pecado.

Se rezan tres Padre nuestros y tres Ave Marías con Gloria Patri etc., y se ofrecen con la siguiente

ORACIÓN

Espíritus celestiales, que cual bellas rosas, encendidos claveles y cándidos lirios hermoseáis los pensiles de la Jerusalén dichosa, y con la fragancia suavísima de vuestros perfumes llenáis de dulces aromas todos los recintos de aquel vasto vergel, interceded por nosotros, a fin de que nunca perdamos la hermosura de la gracia que embellece los áridos y estériles desiertos de nuestras almas, sino que, ricos de virtudes, logremos un día ser trasportados a las moradas de ese divino edén para gozar de vuestra suprema hermosura, después de la de Jesús y de María juntamente con la de los bienaventurados por los siglos de los siglos Amén.

EJEMPLO

Santa Cecilia era una virgen romana de ilustre prosapia, y distinguida por su piedad, que había consagrado a Jesucristo su virginidad; pero habiendo resuelto su familia casarla con un joven patricio, llamado Valeriano, ella le llevó a su cuarto y le habló de esta manera: "Excelente joven sabed que tengo un secreto que confiaros, ¿juráis guardarlo fielmente?"

Valeriano lo prometió. "Sabed, pues, continuó Cecilia, que tengo por amigo un Ángel de Dios, que vela sobre mi cuerpo con gran cuidado, si ve que, en la cosa más mínima, os atrevéis a obrar conmigo por el arrebato de un amor sensual, pronto su favor se encenderá contra vos, y, bajo los golpes de su venganza, sucumbiréis en la flor de vuestra brillante juventud".

Hacedme ver este Ángel, respondió Valeriano, si queréis que yo crea en vuestra palabra. Pero Cecilia le hizo comprender que no podría verlo más que con la condición de hacerse bautizar y de creer en Dios único que reina en los Cielos. La presencia y la palabra de la joven virgen penetraron al joven de castos y saludables pensamientos.

Obedeciendo a la voz de la gracia, accedió a esta proposición. Ella le entregó un escrito dirigido al Papa Urbano, que fue a encontrar en las catacumbas, quien después de haberle puesto completamente en el camino de la salvación, le administró el bautismo. Animado Valeriano del ardiente deseo de ver al Ángel, corrió presuroso, vestido de la túnica blanca de los neófitos, y encontró a Cecilia donde la había dejado, haciendo oración.

A su lado estaba un Ángel hermosísimo, cuyo rostro resplandecía como el sol, su cuerpo estaba cubierto con los más vivos colores, y sus dos alas brillaban como si fuesen de purísimo fuego. Tenía dos coronas, una en cada mano, entrelazadas de rosas y azucenas, de las cuales colocó una sobre la cabeza de Cecilia, y otra sobre la de Valeriano, y les dijo: "Es necesario que os hagáis dignos, por la pureza de vuestros corazones y por la santidad de vuestros cuerpos, de conservar estas coronas: es del jardín del Cielo de don e las traigo". Los dos esposos se arrojaron de rodillas, alabando y bendiciendo al Señor. Valeriano por su p arte convirtió a su hermano Tiburcio a la fe cristiana, y desde que recibió el bautismo, apercibió al Ángel que estaba de pie al lado de Cecilia.

Los tres murieron muy pronto después de haber recibido la corona del martirio.

Oración final a la Reina de los Ángeles; Oh María etc.

DÍA NUEVE
ORACIÓN PREPARATORIA COMO EL PRIMER DÍA
MEDITACIÓN
LENGUAJE DE LOS ÁNGELES

Punto 1°. Considera, alma mía, que los Ángeles en el Cielo no viven aislados como encerrados y concentrados en sí mismos; sino que por el contrario, tienen entre sí las relaciones más íntimas y más estrechas que concebirse puedan, porque si en el mundo visible todos los seres están relacionados entre sí, con mayor razón en el mundo invisible deben reinar también. relaciones y comunicaciones íntimas y estrechas; y como el bien es comunicativo de sí mismo, tendiendo siempre a participar de su perfección a otros seres y aun a reproducirse en naturalezas semejantes por esto los Ángeles están en una comunicación constante los unos con los otros.

En virtud de esta ley general que constituye la armonía de la naturaleza, los espíritus angélicos superiores, fortaleciendo la virtud intelectiva de los inferiores, hacen patentes a sus inteligencias las verdades más altas y universales a que no pueden alcanzar por solas sus fuerzas naturales; esto no es otra cosa que iluminarlos, y esta iluminación es locución o lenguaje de los Ángeles.

Punto 2°. Considera que lo que se verifica en la naturaleza corpórea, no es sino un símbolo o semejanza de lo que pasa en la naturaleza angélica: en los cuerpos que nos rodean, vemos, por ejemplo, que los planetas y la luna iluminados por el sol, nos comunican sus luces, y que los cuerpos iluminados por ellos a su vez iluminan a otros de nuestra Tierra.

¿Por qué pues los Ángeles superiores de un modo semejante no han de iluminar a sus inmediatos inferiores y éstos a otros, así sucesivamente hasta llegar a los últimos? Si bien es verdad que toda iluminación es locución; por el contrario, no toda locución es iluminación, porque los Ángeles inferiores hablan a los superiores, pero no para iluminarlos sino para consultarles y manifestarles sus particulares voluntades, lo que no es iluminación sino locución simplemente; del mismo modo hablan con Dios para conocer su voluntad y obedecerla.

Hablar, pues, en los Ángeles no es otra cosa que manifestarse o dar a conocer a otro sus propios pensamientos; y este lenguaje les permite expresarse sin sonidos, sin movimientos ni ruidos. Pueden hablarse a largas distancias y oírse o, más bien dicho, entenderse sin la interposición de medios algunos, porque su locución es puramente intelectual; si el rico avariento desde lo profundo del infierno ha hablado a Abraham que está en el Cielo sin que lo impida la distancia local, mucho menos esta distancia local puede impedir la locución de un Ángel a otro[21] Isaías refiere que los Serafines no sólo hablaban unos con otros, sino que clamaban: *Clamabant alter ad alterum*.

David profetizando en un salmo la entrada triunfante de Jesús resucitado en el Cielo, nos representa a los Ángeles inferiores preguntando a los superiores ¿quién es este Rey de la gloria? *¿Quis est iste Rex Gloriae?* y ellos respondieron: el mismo Señor de las virtudes, el rey de la gloria.[22] Y San Pablo dice así: Si hablare el lenguaje de los hombres y de los Ángeles: *Si linguis hominum loquar et angelorum.*[23]

---

[21] Lucas, XVI.
[22] Ps. XXIII, 10.
[23] I Cor., XIII, 1.

No dudemos, pues, que los Ángeles tienen un lenguaje especial por el cual no sólo hablan entre sí y con Dios, sino que también nos hablan a nosotros, escuchemos con docilidad sus voces misteriosas, que son las inspiraciones que sentimos muchas veces en el fondo de nuestras conciencias, reprendiéndonos el mal que hemos hecho o inclinándonos a la virtud que rehusamos practicar.

JACULATORIA

¡Oh espíritus bienaventurados, prestadme vuestro lenguaje para que pueda alabar dignamente a mi Creador y Redentor!

PRÁCTICA

Rezad todos los domingos el Trisagio a la Santísima Trinidad en unión de los Angélicos Coros.

Se rezan tres Padre Nuestros y tres Ave Marías con Gloria Patri y se ofrecen con la siguiente

ORACIÓN

Espíritus soberanos, que con vuestra elocuencia encantadora publicáis en el Cielo y en la Tierra las glorias del Altísimo; haced que los dulces ecos de vuestras suavísimas voces, resonando en nuestros corazones, nos enseñen el modo más digno de alabar, bendecir y glorificar a nuestro amable Redentor por toda la eternidad. Amén.

EJEMPLO

En el año 304 vivía en Roma una mujer llamada Aglae, noble y rica, que tenía sesenta y un intendentes, para gobernar sus inmensos bienes, cuyo jefe era un hombre perverso llamado Bonifacio con quien mantenía un comercio criminal. Aglae movida a compunción llama un día a Bonifacio y le dice: "Ya ves en que pecados hemos caído, olvidando que hemos de comparecer un día en el tribunal de Dios. Oí decir a los cristianos que sirviendo uno a los santos que pelean por Jesucristo, tendrá un día parte en su reino.

Acabo también de saber que varios siervos de Jesucristo sufren por Él grandes tormentos en Oriente, ve pues y tráeme reliquias de santos mártires, a fin de que honrándolos y edificándoles oratorios, seamos salvos por su intercesión". Parte Bonifacio con gran cantidad de oro para procurar se las reliquias y al marchar dice por chanza: Aglae, si hallo reliquias de santos las traeré; más si vienen mis reliquias bajo el nombre de mártir, recíbelas.

Déjate de locuras, contestó Aglae, y piensa que vas a buscar reliquias de santos, que yo, pobre pecadora, te aguardo rogando a Dios todopoderoso que envíe su santo Ángel delante de ti, guíe tus pasos y cumpla mis designios, sin acordarse de mis pecados. Marcha Bonifacio, llega a la ciudad de Tarso, donde martirizaban a varios cristianos, los ve en los más horribles tormentos en número de veinte. Acercase Bonifacio a ellos, y besándolos con respeto exclama: "Grande es el Dios de los mártires, os suplico encarecidamente, oh siervos de Jesucristo, que roguéis por mí, a fin de que entre con vosotros en el combate que sostenéis contra el demonio". Advirtiólo el Gobernador y dijo enfadado: "¿Quién es ese que se burla de los dioses y de mí? Que le prendan y presenten a mi tribunal," lo cual hecho, ¿Quién eres tú, dice, que así desprecias el resplandor de mi dignidad? Bonifacio responde soy cristiano y desprecio tus falsos dioses.

El juez de nuevo le pregunta: ¿Cómo te llaman? Bonifacio, contestó: ya te lo he dicho, soy cristiano y si quieres saber mi nombre, me llaman Bonifacio. Enfurecido entonces el juez, hizo que le aplicaran varios tormentos, entre ellos hacerle beber plomo derretido y arrojarle en una caldera de pez hirviendo, no habiéndole sucedido ningún mal, por lo cual espantado el Gobernador mandó que le cortaran la cabeza, procurándole así la corona del martirio. Entre tanto los compañeros buscaban a Bonifacio; y sabiendo que lo han martirizado rescatan su cuerpo, el cual después de embalsamado y envuelto en lienzos preciosos lo ponen en una litera y emprenden su viaje, alabando a Dios por tan feliz suceso.

En esos momentos apareció un Ángel a Aglae y le dijo: "El que era tu esclavo es ahora nuestro hermano; recíbele como a tu Señor y colócale dignamente: los pecados te serán perdonados por su intercesión". Levántase ella prontamente, reúne eclesiásticos piadosos y llevando todos cirios y perfumes, salen al encuentro de las santas reliquias.

Hizo luego edificar un oratorio digno del santo mártir, donde se obraron muchos milagros; y renunciando Aglae para siempre al mundo, se consagró enteramente al servicio de Jesucristo hasta su muerte.

Oración final a la Reina de los Ángeles. Oh María etc.

DÍA DIEZ
ORACIÓN PREPARATORIA COMO EL PRIMER DÍA
MEDITACIÓN
JERARQUÍA DE LOS ÁNGELES

Punto 1º. Considera, alma mía, que así como en el mundo visible están distribuidos los seres en tres órdenes o reinos distintos, a saber, el orden de los cuerpos inorgánicos, el orden de los vegetales y el orden de los animales; así también de un modo semejante y mucho más perfecto en el mundo invisible o angélico hay tres grandes órdenes o jerarquías en que se hallan distribuidos todos los Ángeles. No podía ser de otra manera, pues siendo los Ángeles distintos en especie, y elevándose y aumentándose su perfección gradualmente desde el ínfimo hasta el supremo, era necesario colocarlos en algunos grandes grupos o multitudes ordenadas por Dios, que es su príncipe, y según sus dones de naturaleza y gracia, a fin de conocer mejor sus oficios y ministerios propios, siquiera sea en común, ya que a nuestra débil razón es imposible conocer en particular el ministerio y oficios de cada Ángel.

Por tanto, cada multitud o porción de Ángeles ordenada por Dios su príncipe, es un sagrado principado o jerarquía. Mas como tres son los modos distintos con que pueden ordenarse estas muchedumbres de espíritus, por esto son solo tres las jerarquías angélicas, las cuales como "tres triplicados círculos inmateriales rodean la esfera del supremo Inteligible, y llenan los abismos que lo separan de nuestra pequeña grandeza.

Imaginaos un ojo que viese todos los colores con todos sus matices en la luz del sol; otro que no viese los colores compuestos sino en los colores simples e irreducibles; otro que no viese los matices sino viendo cada color determinad o en tal manera y en tal composición; he aquí los diversos grados del conocimiento angélico".[24]

Así, pues, los Ángeles de la primera jerarquía no ven las eternas razones de las cosas sino en la luz o principio universal que es Dios, al cual se acercan

---

[24] Monsabré, tomo III, conferencia XV.

inmediatamente colocándose en los vestíbulos del Santuario de la Divinidad. Los espíritus de la segunda jerarquía, ven estas razones en la luz múltiple de las causas universales creadas. Los Ángeles de la tercera jerarquía ven las mismas razones en la aplicación o determinación de estas causas universales a efectos singulares.

De esta manera es como se distinguen las tres jerarquías por parte de la multitud ordenada; pero por parte de Dios que es príncipe no solo de todos los Ángeles, sino de los hombres y de toda criatura, una sola es la jerarquía universal.

Punto 2º. Considera, que siendo cada jerarquía una multitud de espíritus celestiales ordenada bajo el gobierno del Príncipe, necesariamente debe haber diversas órdenes en cada jerarquía; pues de lo contrario sería dicha multitud confusa y no ordenada. Esta diversidad de órdenes se considera según los oficios y actos que desempeñan los Ángeles; pues así como en una ciudad regida por un superior, uno es el orden de los gobernantes, otro el del pueblo inferior y otro el del pueblo honorable; así también en cada jerarquía hay tres órdenes, que son el supremo, el medio y el ínfimo, los que se encuentran en toda multitud perfecta.

En la primera jerarquía están los Serafines, Querubines y Tronos; en la segunda se cuentan las Dominaciones, Virtudes y Potestades; y en la tercera se hallan los Principados, Arcángeles y Ángeles.

A todos estos espíritus se da el nombre común de Ángeles, que significa nuncios o anunciadores de las cosas divinas, porque este oficio conviene a todos; y como con particularidad conviene al tercer orden de la tercera jerarquía, por esto se aplica con más propiedad esta denominación a los Ángeles de este último orden.

Consideremos con que resplandores tan vivos brillan la sabiduría, la bondad y el poder divinos en estas maravillosas obras de Dios, las jerarquías de los Ángeles, y cuan digno es el Señor de nuestras eternas alabanzas, no sólo por habernos revelado misterios tan altos y sublimes, sino por habernos prometido que por su gracia y nuestros méritos seremos elevados después de esta vida a los coros de los Ángeles siendo como iguales a ellos é incorporados en sus celestes jerarquías entre los Serafines, Querubines, Arcángeles y demás órdenes: pues Jesús ha dicho una vez de sus santos que serán como los Ángeles de Dios en el Cielo: *Erunt sicut angeli Dei in coelo.*[25] Y otra ocasión también ha prometido que los hijos de la resurrección, es decir, los justos, serán iguales a los ángeles: *Cum sint filii resurrectionis sunt aequales angelis.*[26]

JACULATORIA

Angélicas jerarquías, que obedientes desempeñáis vuestros altos ministerios, alcanzadnos una fiel y constante obediencia a los divinos preceptos.

PRÁCTICA

Tributad siempre vuestros homenajes de veneración y respeto a la jerarquía eclesiástica compuesta de los Señores Diáconos, Presbíteros y Obispos.

Se rezan tres Padre Nuestros y tres Ave *Marías con Gloria Patri y se ofrecen con la siguiente*

ORACIÓN

Inteligencias sublimes, coros angélicos, excelsas jerarquías, que habéis recibido de vuestro Creador diversos grados de luz con que entendéis las eternas

---

[25] Malth, XXII, 30.
[26] Lucae, XX, 36.

razones de los seres creados; iluminadnos con los reflejos de vuestras luces soberanas, para que, como vosotros, sepamos contemplar no sólo el orden del universo, sino también la armonía y el concierto del orden jerárquico de vuestra Santa Iglesia, que ha sido instituida en beneficio de nuestras almas. Amén.

EJEMPLO

El año de 589 fue desolada Roma por una terrible peste, en que los hombres caían muertos estornudando.

Deseoso de atajar los estragos de este azote, San Gregorio el Grande llevó la imagen de Santa María la Mayor en procesión por toda la ciudad, llegados al lugar llamado ahora castillo de San Ángelo, vieron en los aires a un Ángel que envainaba la espada ensangrentada y espíritus bienaventurados que cantaban: "Alegraos, Reina del Cielo, ha resucitado ya como dijo, aquel de quien mereciste ser Madre". Añadió el Santo Pontífice: "Rogad a Dios por nosotros etc." y cesó luego la peste, lo que dio origen a las grandes letanías que se cantan todos los años, el 25 de abril. [*Sigon, Diotal, tomo I, ex IV.*]

Oración final a la Reina de los Ángeles. Oh María etc.

DÍA ONCE
ORACIÓN PREPARATORIA COMO EL PRIMER DÍA
MEDITACIÓN
COROS DE LOS ÁNGELES

Punto 1º. Considera, alma mía, cuan expansiva y comunicativa es la bondad de Dios, que no contenta con atesorar en su esencia soberana las perfecciones infinitas de su ser que constituyen su hermosura y grandeza, ha querido derramarlas a torrentes en sus criaturas y con particularidad en los espíritus puros como Él.

El amor, la sabiduría, la majestad, el dominio, la fortaleza, la potestad, el imperio, la acción, perfecciones infinitas que resplandecen en la divina naturaleza, ha querido hacer participantes de ellos a los Ángeles y ha comunicado cada una en grado excelentísimo a cada uno de esos órdenes de espíritus, sin dejar por esto de comunicar dichas perfecciones juntas a cada uno de los Ángeles, aunque en diversos grados inferiores.

Considera que siendo Dios el fin no sólo de los angélicos ministerios, sino también de toda criatura; a la primera jerarquía pertenece la consideración del fin; a la segunda, la disposición universal de las obras que se han de ejecutar, y a la tercera la aplicación de esa disposición a los efectos, la cual consiste en la ejecución de las obras.

Punto 2º. Como la primera jerarquía se aproxima más a Dios, en el cual contempla las razones eternas de los seres, por esto hemos de considerar cada uno de sus coros con relación a la Divinidad.

El primer orden o coro de esta jerarquía se compone de los Serafines, es decir, de espíritus ardientes, inflamados, encendidos, que purifican, iluminan y abrasan, porque por el exceso de la caridad que poseen, están como sumergidos en un incendio de amor, pudiendo atribuírseles las propiedades del fuego; pues así como éste tiene un movimiento continuo hacia arriba, así también los Serafines constantemente se están moviendo o elevándose hacia Dios.

En el fuego se observa una actividad prodigiosa, por la cual penetra su acción hasta en las cosas más pequeñas con un ardor excesivo purificando cuanto toca; también los Serafines inflamados en el fuego del amor divino abrasan con sus ardientes llamas a todos los Ángeles que están abajo de ellos, excitando un ardor sublime y purificándolos con sus activos incendios; por último, el fuego presenta vivas claridades y resplandores, y los Serafines tienen en sí, una luz inextinguible con que iluminan perfectamente a los demás.

Los Querubines se llaman así por la ciencia que poseen en aquel alto grado que se llama plenitud de la ciencia, por la cual penetran los divinos decretos. Los Tronos reciben este nombre por cierta semejanza con los tronos o sillas materiales: pues así como éstas en su sitio se elevan sobre la Tierra, así también los Ángeles llamados Tronos, se elevan hasta contemplar en Dios las razones de todas las cosas; las sillas reciben en sí al que se sienta en ellas, el cual puede ser llevado a todas partes; así también estos Ángeles reciben en sí mismos a Dios y lo llevan en cierto modo a sus inferiores; las sillas están descubiertas para recibir al que en ellas se sienta, también estos espíritus están descubiertos y manifiestos para recibir al Rey de los reyes y sus comunicaciones familiares para trasmitirlas a los demás.

Como a la tercera jerarquía está encomendado el gobierno común de las cosas que se han de ejecutar, por esto vemos que las dominaciones con una libertad exenta de toda sujeción, participando del verdadero dominio de Dios, designan las órdenes supremas de lo que se debe hacer.

Las Virtudes son los espíritus que, participantes de la divina fortaleza, dan la fuerza para obrar y hacer milagros. Las Potestades que significan órdenes, según aquel pasaje de San Pablo:[27] "El que resiste a la potestad, resiste a la orden de Dios," son los espíritus que definen los medios de poner por obra las leyes del gobierno divino.

En la tercera jerarquía que se ocupa en la ejecución de las obras, se encuentran los espíritus a quienes debemos nuestra gratitud, obediencia y respetos por los continuos cuidados que constantemente nos prodigan; pues los Principados son los que ordenan la ejecución de los sagrados misterios; los Arcángeles anuncian los grandes acontecimientos y desempeñan las misiones sublimes; y los Ángeles que tocan, por decirlo así, los confines de nuestra naturaleza, se encargan desde nuestra cuna hasta el sepulcro, de conducirnos siempre al bien y de apartarnos del mal, y hacen sentir, finalmente, su acción invisible sobre todos los puntos de nuestro mundo visible.

Consideremos, pues, llenos de admiración y gratitud las excelencias de estos coros angélicos.

JACULATORIA

Coros angélicos, en quienes resplandecen las divinas perfecciones, hacednos participantes de ellas para que podamos practicar todas las virtudes cristianas, a fin de hacernos merecedores de ocupar con vosotros un lugar en el Cielo. Amén.

PRÁCTICA

Comulgad nueve primeros viernes de mes consecutivos, ofreciendo cada comunión por

---

[27] Rom. XIII, 2.

mediación de cada uno de los nueve coros angélicos, empezando por el de los Ángeles y concluyendo con el de los Serafines, en honor del Sagrado Corazón de Jesús.

Se rezan tres Padre Nuestros y tres Ave Marías con Gloria Patri y se ofrecen con la siguiente

ORACIÓN

¡Oh bellísimos coros angélicos! cuyas excelencias no es dado explicar al lenguaje humano, porque son casi divinas y por lo mismo incomprensibles; nosotros desde este abismo de tinieblas os contemplamos llenos de las perfecciones! que hermosean a la Trinidad beatísima, y admiramos cómo desde los Ángeles que están próximos nuestra naturaleza, os eleváis hasta los Serafines que, ardiendo en amor se acercan al Espíritu Santo que es amor por esencia y la fuente de toda caridad y dulzura.

haced, pues, oh ardientes Serafines, que desciendan desde ese fecundo manantial raudales de luz y de amor que, corriendo a través de los Querubines, Tronos, Dominaciones, Potestades, Virtudes, Principados, Arcángeles y Ángeles, lleguen hasta nosotros y abrasen e iluminen nuestros corazones y nuestras inteligencias con sus fuegos y resplandores hasta ser semejantes a vosotros en esta vida y en la otra para siempre. Amén.

EJEMPLO

Refiere el P. Croisset en su obra intitulada, "Año Cristiano" que el día en que fue bautizado San Julián Obispo de Cuenca en el reino de España. "Se oyó en el aire una suavísima música de Ángeles que cantaban este mote: Hoy ha nacido un niño que en gracia no tiene par, y al mismo tiempo que lo estaban bautizando se dejó ver sobre la pila un Ángel en figura de un niño hermoso y corpulento, con una mitra en la cabeza y con un báculo pastoral en la mano que decía: "Julián ha de ser su nombre."

Oración final a la Reina de los Ángeles. Oh María etc.

DÍA DOCE
ORACIÓN PREPARATORIA COMO EL PRIMER DÍA
MEDITACIÓN
FIDELIDAD Y BIENAVENTURANZA DE LOS ÁNGELES

Punto 1º. Considera, alma mía, que habiendo sido creados los espíritus angélicos para la bienaventuranza o felicidad sobrenatural, era conveniente que Dios nuestro Señor les diese un auxilio superior a su naturaleza, es decir, la gracia, par a que con su ayuda pudiesen merecer dicha tan elevada.

Por tanto, en el momento mismo de su creación, recibieron juntamente con los dones de la naturaleza, el riquísimo don de la gracia, el cual era el único que podía darles el derecho de llegar al reino de la gloria, pues como dice San Pablo: *Gratia Dei vita eterna*[28] la gracia de Dios es la vida eterna. ¿Pero cuál fue para los Ángeles la fuente de la gracia sin la cual jamás habrían alcanzado la suprema beatitud de la visión de la esencia divina?

Muchos teólogos enseñan que el origen o principio de toda gracia y de toda gloria es la mediación de Jesucristo Dios y hombre: Santo Tomás expresamente enseña que Cristo, como cabeza de la Iglesia, es la causa universal de la gracia para todas las criaturas racionales llamadas a vivir del don de la gracia.[29]

---

[28] Rom. VI, 23.
[29] III P. q. VIII a. IV. *ubi quaeritur utrum Christus sit caput angelorum.*

Esta sentencia puede confirmarse con lo que dice el Apóstol: que Jesucristo es el jefe de toda la Iglesia, y por Iglesia se entiende según el mismo santo Doctor los Ángeles y los hombres, pues los Ángeles son miembros del cuerpo místico de Jesucristo, quien da a estos miembros la vida sobrenatural de la gracia, para conducirlos a la gloria.[30] Y más terminantemente lo declara el mismo Apóstol cuando dice de Cristo: que es cabeza de todo Principado y Potestad, y por igual razón de los demás órdenes de Ángeles: *Qui est caput omnis principatus et potestatis.*

Punto 2º. Considera que aunque Dios, por su poder absoluto, podría muy bien hacer salir de la nada una criatura perfecta consumada en gracia y en gloria en el instante primero de su existencia; sin embargo, su divina Sabiduría no ha querido dejar a su poder una tan gran libertad, porque es más conveniente, más digno y más conforme a la naturaleza de los seres inteligentes y libres, que éstos, en virtud de un acto de su libre albedrío, ayudados por la fuerza de la gracia, sean por sí mismos cooperadores de su propia grandeza y felicidad.

Los Ángeles debieron, pues, merecer la visión beatífica de Dios, a este fin se les concedió el don de la gracia proporcionado al don de la naturaleza, de modo que los más bellos en su ser participaran más de la gracia para poseer después mayor gloria. Imaginaos esos escuadrones angélicos, agrupados en turno de la Jerusalén dichosa, las puertas están cerradas, nadie puede penetrar sino con la condición de reconocer por un acto de humildad el origen de las propias perfecciones y belleza en la Trinidad augusta y de adorar su Majestad inaccesible; no hay tardanzas, no

---

[30] Coloss., II, 10.

hay demoras en su resolución, un solo momento decide de su felicidad eterna, y en ese momento millones de Ángeles, desgraciadamente no todos, aceptan la bondad de Dios como el único objeto de sus corazones, y se postran reverentes ante el divino Verbo; en este instante se abren las puertas del Cielo, la luz de la Divinidad despide los más vivos esplendores por todas partes; los riquísimos tronos de hermosa pedrería deslumbran los ojos atónitos de aquellos espíritus que van a ocuparlos, precipítanse entonces aquellas apiñadas legiones, franquean las puertas y van a colocarse en aquellos tronos desde donde gozan con la visión divina, y prorrumpen en un dulcísimo himno cuyas melodías resuenan por toda la eternidad en las celestes bóvedas.

JACULATORIA

Ángeles bienaventurados, alcanzadnos del Espíritu Santo una fiel correspondencia a las divinas inspiraciones de la gracia.

PRÁCTICA

Orad todos los días, aunque sea unos breves instantes, y así obtendréis del Cielo abundancia de gracias, con que obrando el bien, alcanzareis la eterna bienaventuranza.

Se rezan tres Padre Nuestros y tres Marías con Gloria Patri y se ofrecen con siguiente

ORACIÓN

Espíritus bienaventurados que vivís tranquilos y felices en aquella Jerusalén hermosa, mansión de paz y de delicias, unidos a Dios y unidos entre sí con los lazos del amor, viendo eternamente el rostro divino del Padre celestial, obedeciendo con sumisión sus órdenes sagradas, para imponerlas a los hombres en la Tierra; escuchad nuestras plegarias, por las que os pedimos nos alcancéis el buen uso de nuestra libertad para que, como vosotros, no elijamos otro bien, que el Bien sumo, inmortal y eterno, que es Dios, y abrazados íntimamente a Él sin separarnos jamás, seamos dichosos en el tiempo y en la Eternidad. Amén.

EJEMPLO

En la ciudad de Zaragoza, habiendo predicado Santiago muchos días, convirtió a Jesucristo ocho varones, con los cuales trataba por el día del reino de Dios, y por la noche salía a la ribera del río para tomar algún descanso en las eras. En este sitio dormían un rato, y después se entregaban a la oración, evitando de esta manera ser perturbados por los hombres y molestados por los gentiles.

Pasados algunos días, estaba Santiago con los dichos fieles, a eso de media noche, fatigados con la contemplación y la oración. Dormidos los ocho discípulos, el bienaventurado Santiago oyó a la hora de media noche unas voces de Ángeles que cantaban: *Ave María, gratia plena,* Dios te salve, María, llena de gracia, como si comenzasen el oficio de maitines de la Virgen con un dulce invitatorio: y poniéndose inmediatamente de rodillas, vio a la Virgen, Madre de Cristo, entre dos coros de miles de Ángeles, sentada sobre un pilar de mármol.

El coro de la celestial milicia angélica acabó los maitines de la Virgen con el verso *Benedicamus Domino,* Bendigamos al Señor. [Croisset, *Año Cristiano.*]

Oración final a la Reina de los Ángeles. Oh María, etc.

DÍA TRECE
ORACIÓN PREPARATORIA COMO EL PRIMER DÍA
MEDITACIÓN
CAÍDA DE LOS ÁNGELES

Punto 1º. Considera, alma mía, que el más hermoso de los Ángeles, aquel cuya excelencia sobrepujaba y excedía a todos los angélicos coros, contemplándose a sí mismo, admiró su propia belleza y como si se la hubiera dado a sí mismo, exclamó: "Yo soy hermoso, yo soy perfecto, yo soy todo resplandeciente de luz" y en vez de remontarse a la fuente de donde le venía este resplandor, ha querido como Dios, complacerse en sí mismo, y ha querido todavía más, porque ha dicho: "Y o me elevaré hasta los Cielos y seré semejante al Altísimo".[31] Y como un nuevo Dios ha querido gozar de sí mismo.

¿Pero en realidad ha creído que podía igualarse a la majestad de Dios? No, porque este espíritu sabía muy bien que por más que se perfeccionase su ser siendo finito, jamás igualaría al Infinito; y aun supuesto que esto fuera posible, comprendía muy bien que convertido en otro ser perdería la conciencia de su propia personalidad y dejaría de ser el que era; su osadía le llevó hasta el grado de aspirar a la felicidad suprema de ver a Dios, sin contar para llegar a este término sublime más que con sus propias fuerzas naturales; en una palabra, Lucifer no ha querido tener la felicidad más que de sí mismo, lo cual es propio de solo Dios. Su crimen fue el primer crimen del orgullo.

Punto 2º. Considera que, como dice Santo Tomás, "después del pecado de soberbia se siguió en el Ángel pecador el mal de la envidia, en cuanto se dolió del

---

[31] Isa. XIV. 13, 15.

70

bien del hombre".[32] ¿Y cuál fue este bien que excitó tan vivamente la diabólica envidia?

La Encarnación del divino Verbo, nuestra pobre humanidad elevada a una grandeza en cierto modo infinita. Dios, dice el Apóstol al introducir a su Unigénito Hijo en el mundo, ordenó por segunda vez que sus Ángeles le adorasen. *Et cum iterum introduxit primogenitum in orbem terrae, dicit: Et adorent eum omnes angeli ejus.*[33] Esta voz segunda supone otra primera.

Por esto podemos creer apoyados en el testimonio de innumerables santos doctores y eminentes teólogos, que el plan total de la creación fue revelado a todos los Ángeles desde el principio, y que en este plan les mostró Dios al Verbo encarnado en las purísimas entrañas de una mujer virgen, y al mismo tiempo les pidió un cántico de adoración para este primer predestinado y esta criatura que había de ser su Reina y soberana. Innumerables voces resonaron al momento entonando al Verbo hecho carne una *aleluya*.

Pero Lucifer y sus secuaces, excitados por el orgullo, cerrados sus lacerados corazones a la esperanza, y ardiendo en mortal ira contra la naturaleza humana; prorrumpieron en murmullos que atronaron el espacio y sólo se escucharon estas voces; *Non serviam, non serviam:* no obedeceré, no obedeceré. No, no, grita el infiel arcángel, el hijo de la mujer no ha de ser mi Dios, la hija del hombre no ha de ser mi Reina. Entonces el Verbo pronunciando contra ellos terrible sentencia, les respondió; Apartaos, malditos: *Ite maledicti.*

---

[32] Summa Theol. I p. q. 63 a 3.
[33] Ad Haebr. cap. I, 6.

Y a estas palabras, heridos como de un rayo, rodando de abismo en abismo, fueron precipitados más abajo de nosotros en aquel lugar de tormentos en donde gimen y lloran para siempre sus perdidos tronos de gloria y de felicidad.

JACULATORIA

Ángeles bienaventurados, que fuisteis testigos de la caída espantosa y terrible de vuestros celestes compañeros; preservadnos con vuestra intercesión de la funesta caída del pecado mortal.

PRÁCTICA

Rezad con frecuencia el Santo Rosario de la Reina de los Ángeles, meditando sus misterios, y así os preservareis de caer en pecados mortales.

Se rezan tres Padre nuestros y tres Ave Marías con Gloria Patri y se ofrecen con la siguiente

ORACIÓN

Sublimes inteligencias, espíritus fieles, Ángeles Santos, que presenciasteis aquella espantosa guerra de vuestros hermanos soberbios contra su Creador que escuchasteis los gritos de rebelión contra el Unigénito del Padre Celestial y que visteis descender al abismo de las tinieblas a una porción inmensa de vuestros compañeros, interceded por nosotros para que jamás despreciemos a la divina gracia; ni los lazos de la soberbia aten nuestros corazones y caigamos en los abismos tenebrosos del , pecado; sino que, fortalecidos siempre con los auxilios de Dios, merezcamos un día ocupar los tronos vacíos de los Ángeles infieles por toda la eternidad. Amén.

EJEMPLO

Para alentarnos a la fineza con que habernos de amar a Dios por ser quien es y sin respecto a algún interés, es admirable el ejemplo de un monje mozo que en compañía de otro viejo vivía en el yermo con grande perfección. El demonio se le apareció al viejo en figura de Ángel del Señor, haciéndole saber de parte de Dios, que su compañero era precito, y que por eso tonas sus buenas obras y penitencias no le habían de aprovechar.

Quedó el viejo tristísimo con esta revelación, y no pudiendo ocultar su sentimiento, que manifiesta con lágrimas continuas; lo advirtió el mancebo y á puros ruegos alcanzó por fin que le descubriese la causa de su dolor. Luego que oyó que la causa era haberle Dios revelado que había de condenarse; no te desconsueles padre, le dijo, ni te aflijas; porque te hago saber que yo hasta ahora no he servido a Dios por el interés de la gloria, sino sólo porque es infinitamente digno de ser servido por su bondad; al cual debo todo lo que soy y tengo; y como mi Señor, mi Dios y mi dueño puede hacer de mi lo que quisiere.

Consolóse con esto el monje viejo, y mucho más cuando después por verdadera revelación del Ángel bueno supo que el demonio lo había engañado, y que era todo lo contrario, pues aquel mancebo era predestinado, y que por aquel acto tan generoso que había hecho y el ánimo con que estaba de servir a Dios por Dios, había agradado singularísimamente al Señor y alcanzado muy grandes merecimientos. P. Eusebio Nuremberg. *Hermosura de Dios*. L. 2 c. 12.

Oración final a la Reina de los Ángeles. Oh María etc.

DÍA CATORCE
ORACIÓN PREPARATORIA COMO EL PRIMER DÍA
MEDITACIÓN
PENA DE LOS DEMONIOS

Punto 1º. Considera, alma mía, que los Ángeles malos no perdieron en su caída los dones puramente naturales con que fueron enriquecidos; y el conocimiento de su propia belleza intelectual es para ellos su mayor suplicio, pues que privados del conocimiento sobrenatural de Dios, se desesperan y rabian al verse despojados de esta felicidad.

Creados para un Dios de bondad y para el sólo, sienten en el fondo de su naturaleza una viva y poderosa inclinación hacia Él, como el único centro de su felicidad, como el término y objeto final de todas sus facultades. Sienten y conocen que han sido creados para Dios, como el ave para volar, como el pez para el agua, como el ojo para la luz, como el corazón para el amor; pero al mismo tiempo su voluntad obstinada en el mal, se vuelve henchida de cólera y orgullo contra su Creador, su principio y su fin, y al contemplar a sus hermanos los Ángeles buenos en posesión de una bienaventuranza infinita que jamás perderán, porque jamás podrán pecar, la envidia los despedaza v padecen amargamente.

La voluntad del demonio no es como la del hombre mientras vivo sobre la Tierra: el hombre no se adhiere al mal inamoviblemente, porque después de la elección del pecado, puede arrepentirse y volver a la virtud: el Ángel malo, por el contrario, una vez que ha elegido el mal, permanece adherido a él fija, inamovible, inflexiblemente para siempre, he aquí por qué su infierno o su tormento es eterno.

Punto 2º. Considera que los demonios emplean todos sus dones naturales no sólo en su propio mal, sino también en el mal de los hombres, de cuya desgracia son los más eficaces cooperadores; las luces de su inteligencia se han convertido en astucia y artificios malignos, y podemos apostrofarlos con Bossuet diciéndoles: "Oh ministros injustos de la justicia de Dios, vosotros habéis sido los primeros en experimentarla: vosotros aumentáis vuestros tormentos, haciendo experimentar al hombre vuestros celosos rigores: vuestra tiranía hace vuestra gloria, y no sois capaces sino de este placer negro y maligno, si es que se le puede llamar así, que proporciona un orgullo ciego y una baja envidia.

Vosotros sois aquellos espíritus privados de amor que no viven más que del veneno de los celos y del odio. ¿Y cómo se ha verificado en vosotros tamaña mudanza? Os habéis retirado de Dios y Él se ha retirado de vosotros: he aquí vuestro gran suplicio y su grande y admirable justicia.

Gemís bajo los golpes incesantemente redoblados de su mano invencible e incansable: por sus órdenes soberanas la criatura corpórea que estaba a vosotros sometida, os domina y os castiga; el fuego os atormenta, su humo, por decirlo así, os ahoga; espesas tinieblas os tienen cautivos en aquellas prisiones eternas: malditos espíritus, aborrecidos de Dios odiado de vosotros, ¿cómo habéis caído tan bajo? Vosotros lo habéis querido, lo queréis aún, puesto que queréis siempre ser soberbios, y que por vuestro orgullo indómito vivís obstinados en vuestra desgracia.

Hombres soberbios y rebeldes, tomad ejemplo del príncipe de la rebelión y del orgullo; y ved y considerad y entended lo que un solo sentimiento de orgullo ha hecho en él y en todos sus secuaces. Huyamos, huyamos, huyamos de nosotros mismos:

volvamos a entrar en nuestra nada y entreguémonos a Dios, nuestro apoyo como nuestro amor".[34]

JACULATORIA

Ángeles santos, alcanzadnos la gracia de tener el valor de sufrir todas las penas de esta vida, a fin de no sufrir la mayor y más terrible pena de vernos privados de la visión de Dios y de su amor.

PRÁCTICA

Sufrid con paciencia y resignación todos los trabajos con que el Señor quiere probaros, considerando que por vuestros pecados habéis merecido las penas del infierno.

Se rezan tres Padre Nuestros y tres Ave Marías con Gloria Patri y se ofrecen con la siguiente

ORACIÓN

Espíritus gloriosos, que vivís en medio de un torrente de delicias, sin que jamás el más leve de los males, turbe vuestro reposo y bienaventuranza, que no deseáis otra cosa de nosotros los mortales de este mundo, sino que participemos de vuestra inmortal ventura, rogad a vuestro supremo Señor, que fortaleciendo nuestras almas, nos dé la conformidad en nuestras penas, a fin de que nos veamos libres de los tormentos eternos del infierno. Amén.

EJEMPLO

Un religioso de la Compañía de Jesús, el Padre Surin, célebre en el siglo décimo séptimo por sus virtudes, su ciencia y sus desgracias, experimentó durante cerca de veinte años las angustias de tan terrible estado. (el de

---

[34] Elevations sur les Mystéres II, Elévation

la condenación eterna) Para arrancar a una pobre y santa religiosa de la posesión del demonio, que había resistido a tres meses largos de exorcismos, oraciones y austeridades; el caritativo Padre llevó su heroísmo hasta ofrecerse el mismo por víctima, si la divina Misericordia se dignaba al fin escuchar sus votos y librar a una infortunada criatura.

Fue escuchado, y Nuestro Señor permitió, para la santificación de su servidor, que el demonio tomase posesión de su cuerpo y lo atormentase durante largos años. Nada más auténtico que los extraños y públicos hechos que marcaron esta posesión del pobre Padre Surin y que sería largo referir aquí. Después de su libertad, recopiló en un escrito, que nos ha sido conservado, lo que recordaba de aquel estado sobrenatural en que el demonio, apoderándose materialmente, por decirlo así, de sus facultades y sentidos, le hacía experimentar una parte de sus propias impresiones y de su desesperación de condenado.

"Parecía, dice, que todo mi ser, que todas las potencias de mi alma y de mi cuerpo se dirigían con indecible vehemencia hacia el Señor mi Dios; que veía era mi suprema dicha, mi bien infinito, el objeto único de mi existencia; y al mismo tiempo sentía una fuerza irresistible que me apartaba de Él, que me retenía lejos de Él: de suerte que, creado para vivir, me veía, me sentía privado de Aquel que es la Vida; creado para la verdad y la luz me veía absolutamente repelido por la Luz y la Verdad; creado para amar, estaba sin amor, estaba rechazado por el Amor; creado para el bien, estaba sumergido en el abismo del mal.

"No podría, añade, comparar las angustias y la desesperación de aquella inexplicable situación sino con el estado de una flecha vigorosamente lanzada hacia un objeto, del cual la repele incesantemente una fuerza invencible: irresistiblemente impelida hacia adelante, y siempre invenciblemente rechazada hacia atrás".

Y esto no es más que una pálida imagen de aquella espantosa realidad que se llama la condenación. [Segur, *El Infierno*].

Oración final a la Reina de los Ángeles. Oh María etc.

DÍA QUINCE
ORACIÓN PREPARATORIA COMO EL PRIMER DÍA
MEDITACIÓN
GUERRA DE LOS DEMONIOS

Punto 1º. Considera, alma mía, que la divina Providencia procura el bien del hombre de dos maneras: directamente, excitándole al bien y apartándolo del mal por ministerio de los Ángeles buenos; e indirectamente, permitiendo para su mayor mérito que sea combatido por los ángeles malos; por esta razón existen para los demonios dos lugares de penas: uno por razón de su culpa, y este es el infierno; y otro por razón del ejercicio o prueba del hombre, y este es el aire caliginoso u obscuro.

Más como el cuidado de la salvación humana durará hasta el juicio final, hasta entonces durarán también el ministerio de los Ángeles buenos y la persecución de los ángeles malos; en ese día quedará desierta la Tierra, porque los demonios bajarán al infierno con las almas que sedujeron, y los Ángeles buenos subirán al Cielo con los bienaventurados que custodiaron en esta vida. Considera, pues, que millones de millones de espíritus malos, a guisa de apretadas y compactas langostas, vagan y se mueven en el aire alrededor de los hombres, como leones rugientes buscando a quien devorar. Excitados por la envidia de la felicidad humana y usurpando la semejanza del Poder divino, se dedican determinados demonios a la perdición de cada uno de los hombres; y aunque no conozcan su condición interior, sin embargo, conocen por las obras exteriores sus flaquezas, debilidades o el vicio a que más se inclinan, y por ese lado le hacen la más cruda guerra.

Verdad es que no todos los pecados proceden directamente del demonio, pues no es éste el único tentador del hombre, también están ahí el mundo y la carne, pero la astucia diabólica se vale frecuentemente de estos otros tentadores como de instrumentos para corromper las almas; para esto cuentan con un poder muy grande, pues que no habiendo perdido en su ruina los dones de su naturaleza, conocen de los seres muchas fuerzas ocultas que se escapan a la débil penetración del hombre: por tanto, pueden obrar en los cuerpos maravillosas trasformaciones y aún producir en la imaginación y sentidos externos, mutaciones diversas, hasta el grado de hacer percibir objetos extraños que en realidad no existen fuera de nosotros.

Ciertamente que los hechos realizados por el demonio no son verdaderos milagros, pero tienen toda la apariencia de tales, porque excitan la admiración de los hombres.

Desde el principio del mundo Satanás con sus secuaces está obrando estos prodigios; y las maravillas y actos sorprendentes de la hechicería, magia, nigromancia de los tiempos antiguos, como los fenómenos admirables, que superan las fuerzas de la naturaleza, en los tiempos modernos, del hipnotismo y espiritismo no son otra cosa que obras malignas del diablo.

Punto 2º. Considera que la guerra de los demonios a la humanidad es una de aquellas verdades que la Santa Escritura propone con tanta claridad que excluye absolutamente toda duda: San Pablo expresamente nos dice que "nuestra lucha no es únicamente contra la carne y la sangre, sino contra los principados y potestades, contra los reyes invisibles de este mundo tenebroso, contra los espíritus de iniquidad esparcidos por el aire".[35]

Y San Juan en su Apocalipsis refiere que: "Enfurecido el dragón contra la mujer, se fue a hacer la guerra a las de su casta, que guardan la ley de Dios y se declaran por Jesucristo".[36] Ante estos testimonios tan claros y convincentes ya no nos es licito dudar que los demonios hacen la guerra al hombre; y se la han hecho desde el principio del mundo y continuarán en esta ingrata tarea hasta su fin.

Lucifer bajo la forma de la astuta serpiente sedujo a nuestros primeros padres; él es el que se esforzó con sus ángeles rebeldes en los siglos que precedieron al cristianismo, en arrastrar al género humano a una monstruosa idolatría; los demonios eran los que cegando las inteligencias de los tiranos para que no vieran en los prodigios de los mártires la intervención de un Dios infinitamente más poderoso que sus ídolos, encendían en sus corazones la rabia y el furor contra los cristianos; y mientras centenares de infieles se convertían a vista de la constancia de los hijos de Dios en los tormentos y al contemplar cómo las fieras los respetaban y salían ilesos y sanos de entre las llamas

---

[35] Ephes, Cap. VI. 12.
[36] Apocalip. XII, 17.

del fuego; ellos, los jueces y verdugos, permanecían impasibles y más y más se encarnizaban. El odio que los ángeles rebeldes abrigan contra los hombres los ha conducido hasta apoderarse de sus cuerpos y ser el juguete de su saña. ¡A cuántos no han librado de este satánico dominio Jesucristo, los Apóstoles y los Santos! En la época presente, ¿quién no ve cómo se ha redoblado la guerra de los demonios contra la Iglesia de Jesucristo? Del seno de una sociedad satánica en donde se cometen profanaciones sacrílegas, que la lengua se resiste a referir, porque horrorizan y hielan la sangre en las venas, están brotando todas las maquinaciones contra el culto de Dios y sus ministros.

Temblemos, temblemos de pavor, pero más por nuestras culpas que ocasionan estas persecuciones satánicas, que por las acometidas de los demonios: de nuestra parte están escuadrones de Ángeles buenos, esperando que los invoquemos y nos acojamos a su poderoso patrocinio para librarnos de las furias infernales.

JACULATORIA

Espíritus poderosísimos, angélicas potestades que contenéis los ímpetus de los demonios, libradnos de sus tentaciones y asechanzas.

PRÁCTICA

Acostumbraos a hacer uso frecuente del agua bendita con mucha fe y devoción.

Santa Teresa de Jesús nos asegura que tiene gran virtud para desviar a los demonios, y que, si bien huyen de la cruz, vuelven luego, pero no con el agua bendita.

Se rezan tres Padre Nuestros y tres Ave Marías con Gloria Patri y se ofrecen con la siguiente

ORACIÓN

Espíritus de luz, que habéis vencido al poder de las tinieblas, dirigid una mirada hacia nosotros que estamos expuestos a caer a cada paso en los lazos del demonio, precipitad de nuevo al abismo a esos enemigos invisibles que no cesan de tentarnos a cada instante y en todas partes; libradnos de su cruel tiranía, para que, reinando en nuestros corazones la dulce paz del Señor, podamos cumplir los deberes de cristiano hasta merecer, como vosotros, cantar en el Cielo las divinas misericordias por toda la eternidad. Amén.

EJEMPLO

Refiere Santa Teresa de Jesús, lo siguiente: "Quiso el Señor entendiese como era el demonio porque vi cerca de mí un negrillo muy abominable, regañando como desesperado de que a donde pertenecía ganar perdía.

Y como le vi, se rió y no tuve miedo, porque había allí algunas conmigo que no se podían valer, ni sabían que remedio poner a tanto tormento, que eran grandes los golpes que me hacía dar, sin poderme resistir, con cuerpo, cabeza y brazos; y lo peor era el desasosiego interior, que de ninguna suerte podía tener sosiego.

No osaba pedir agua bendita, por no darles miedo y porque no entendiesen lo que era. [*Vida de la Santa Madre Teresa de Jesús*].

Oración final de la Reina de los Ángeles. Oh María etc.

DÍA DIECISÉIS
ORACIÓN PREPARATORIA COMO EL PRIMER DÍA
MEDITACIÓN
GOBIERNO DE LA NATURALEZA POR LOS ÁNGELES

Punto 1º. Considera, alma mía, que en todo orden establecido, la subordinación demanda que los seres inferiores estén sujetos a los superiores: así hemos visto que los Ángeles superiores presiden a los inferiores; en la sociedad humana, el presidente o rey dirige a los gobernantes de los pueblos, quienes a su vez gobiernan mediante otros directores a sus súbditos; en el mundo natural se observa también la misma ley: las naturalezas corpóreas que por sus formas materiales, determinadas a las condiciones individuales de lugar y tiempo son inferiores a las naturalezas espirituales, cuyas formas son universales, absolutas e inteligibles; es conveniente que sean regidas por los Ángeles que son dichas naturalezas espirituales.

Tales son la enseñanza de los Santos Doctores y la opinión de todos los filósofos que han sostenido la existencia de los espíritus puros.

San Agustín afirma que "Todos los cuerpos son regidos por el espíritu racional de vida".[37] y que "Cada cosa visible de este mundo tiene un poder angélico que la dirige".[38] San Juan Damaceno opina que "El diablo era una de aquellas virtudes angélicas destinadas a presidir el orden terrestre".[39] San Gregorio enseña que todos los Ángeles que presiden las cosas puramente

---

[37] III De Trint. C. IV. col. 835, t. 8.
[38] LXXXIII. Question., q, LXXIX col. 90 t. 6.
[39] Lib. II Orth. fid. c. IV col. 875, t. I.

corpóreas parece que pertenecen "al orden de las virtudes".[40]

Orígenes escribe que "El mundo necesita de los Ángeles que cuiden de las bestias, asistan al nacimiento de los animales, al plantío de los árboles y a todos los demás progresos del orden natural".[41] Los filósofos, por su parte, también han defendido la intervención de seres invisibles en el gobierno de la naturaleza y aunque hayan errado en algunos puntos, sin embargo, en la sustancia están de acuerdo con la tradición universal y constante.

La astronomía de los primeros pueblos nos representa las estrellas del firmamento acompañadas cada una de su guarda respectivo. La filosofía antigua atribuye un alma a cada astro.

Aristóteles dice que sólo los cuerpos celestes son regidos por las sustancias espirituales, y Platón extiende su gobierno hasta los cuerpos inferiores de la Tierra. Mas como todo error está fundado en alguna verdad de la cual se abusa, esta tradición desfigurada dio fundamento al paganismo, para distribuir sus falsas divinidades en los elementos, señalando el dios del agua, el dios del fuego, el dios del aire, etc., sustituyendo estos dioses a los Ángeles.

Punto 2º. Considera, también, que no sólo los santos, los filósofos y la razón nos persuaden esta verdad; sino que también la insinúan muy claramente las Sagradas Escrituras, cuando, entre otras razones, nos muestran inclinados delante de Dios a los que sustentan el

---

[40] Hom. 34 in Evang. col. 1251, t. 2.
[41] Hom. XIV. col. 680, t. 2.

mundo, es decir, a los Ángeles; *Deus sub quo curbantur qui portant orbem.*[42]

San Juan en su profundo y admirable Apocalipsis nos habla del Ángel de las aguas y del Ángel del fuego.[43] y a cada paso nos habla también de los Ángeles ejecutores de la Justicia divina contra los hombres prevaricadores. No dudemos, pues, que a los Ángeles se ha encomendado el gobierno de la naturaleza, y que, aunque Dios por sí mismo lo haga y lo pueda todo, ha querido, sin embargo, honrar a sus criaturas celestiales, cuándo y cómo le place, asociándoselas a su soberana acción.

El universo, obra del Artífice supremo, no es menos bello, porque todas sus partes estén admirablemente ligadas por la acción jerárquica de las causas inmateriales. "Así es como el cristianismo, dice Chateaubriand de acuerdo con la razón, con las ciencias y con la expansión de nuestra alma, se lanza de mundo en mundo, de universo en universo en los espacios en que la imaginación espantada se detiene y retrocede: y en vano los telescopios escudriñan todos los rincones del Cielo, en vano persiguen un cometa más allá de nuestro sistema, el cometa. en fin, se les escapa; más no se oculta al Ángel que lo guía a su incógnito polo y que lo traerá el siglo señalado, por misteriosas vías, hasta el foco de nuestro sol sin que tropiece en su ruta con ninguno de los globos que ocupan el espacio".[44]

Si los astros todos están sujetos al imperio de los Ángeles, no menos lo está también el curso de las estaciones: "Uno vela sobre las flores para que nazcan

---

[42] Job, cap. IX. 13.
[43]
[44] Genio del cristianismo.

y se abran, otro cuida de que maduren los frutos, un tercero hace dorar las mieses, el cuarto manda sobre las nieves y detiene los ríos prisioneros bajo el hielo.

Ora estos hijos del Cielo nos sonríen sobre ligeras nubes; ora entre nubarrones sombríos tienen en su poder los rayos y hacen retumbar el trueno".[45] Bendita sea la Providencia de Dios que de tal modo ha ordenado el universo.

JACULATORIA

Ángeles que gobernáis la naturaleza corpórea según el plan divino, guiad nuestras almas por el camino de la virtud y santidad.

PRÁCTICA.

Ordenad todas vuestras acciones conforme a los preceptos de Dios y a las obligaciones de vuestro estado, distribuyendo con método todas las lloras del día.

Se rezan tres Padre Nuestros y tres Ave Marías con Gloria Patri y se ofrecen con la siguiente

ORACIÓN

Espíritus soberanos, directores del mundo, Virtudes Angélicas, que sin perder la bienaventuranza de la visión beatífica, presidís todos los movimientos de la naturaleza corpórea, haciendo que los globos que gira n en el espacio, siga n las rutas trazad as por la sabia Providencia, sin desviarse jamás de sus límites, y que los animales, las plantas y las flores observen sus leyes en beneficio de la humanidad; alcanzadnos la gracia de que nosotros también nos dejemos gobernar suavemente por vuestras santas inspiraciones, a fin de

---

[45] Vizconde de Walsh.

que nunca nos apartemos del camino del bien, y marchemos siempre por las sendas de la verdadera felicidad hasta llegar al paraíso celestial. Amén.

EJEMPLO

El Padre José de Anchieta, Apóstol de la compañía de Jesús en el Brasil, presenta en su vida mil rasgos que retratan a Adán antes de su caída, rey absoluto de la naturaleza.

Al ir cruzando aquel santo Padre los bosques vírgenes del Brasil, las fieras salían de sus madrigueras para acariciarle, los pájaros venían a posarse en sus hombros y en sus manos, y permanecían a su lado hasta que los despedía: le obedecían con tal exactitud, que yendo un día su compañero muy fatigado por el sol abrasador de aquellas regiones, mandó a una numerosa bandada de aves que detuviesen su vuelo y le fuesen haciendo sombra: lo hicieron así hasta que el santo les mandó seguir con su velocidad ordinaria.

El mar le mostró su respeto en una ocasión en que aquel taumaturgo, orando en la playa, se quedó arrobado largas horas, y creciendo entre tanto la marea, las aguas le rodearon dejando libre el sitio que ocupaba. Todos estos hechos y mil otros semejantes no se explican, dicen sus historiadores, sin la intervención de los Ángeles gobernadores de la naturaleza. *Padre Rafael Pérez de S. J.*

Oración final a la Reina de los Ángeles. Oh María etc.

DÍA DIECISIETE
ORACIÓN PREPARATORIA COMO EL PRIMER DÍA
MEDITACIÓN
ÁNGELES CUSTODIOS

Punto 1º. Considera, alma mía, que si Dios ha atendido al gobierno de la naturaleza corpórea encargando a los Ángeles de su dirección, con más amorosa solicitud ha debido atender al gobierno de los hombres, creados a su imagen y semejanza, enriquecidos con los dones del entendimiento y de la voluntad y destinados a una bienaventuranza sobrenatural y eterna; pues la Providencia divina, que es como el compendio y reunión de las tres distinguidas perfecciones que nosotros adoramos en Dios: el poder infinito, la sabiduría incomprensible y la bondad inestimable; las hace patentes de un modo admirable al emplear a los Ángeles en nuestra dirección y cuidado. Muestra su poder y grandeza a semejanza de un rey en cuyo palacio no sólo los que forman su escolta, sino aun los que se ocupan en los más humildes servicios, son grandes e ilustres príncipes.

Así en el reino de Dios, no solamente los que constituyen su corte en el Cielo, sino los que sirven a los fieles en la Iglesia, pertenecen al gremio de los nobles y excelentes espíritus angélicos.

Manifiesta su sabiduría, de la cual es propio conservar, dirigir y perfeccionar las cosas particulares por las universales, las corpóreas por las espirituales, las inferiores por las superiores, las menos perfectas por las más perfectas, como se indicó en el día de ayer; así vemos que nuestras acciones y razonamientos son dirigidos por los principios generales, que el cuerpo y las pasiones están bajo el gobierno del alma, que los elementos y las criaturas sublunares siguen las influencias de los astros; más los ángeles son criaturas más nobles, inmateriales y perfectas que los hombres, pues son como los primogénitos en este mundo, que es la gran casa de Dios: por consiguiente, deben dirigir a sus pequeños hermanos.

Muestra su bondad dignándose comunicar a sus criaturas un rayo de su soberanía, y llamarlos a la participación de su corona, asociándolas a la dirección de las demás criaturas, y sirviéndose de su concurso y ministerio para ejecutar lo que él solo por sí mismo podría hacer, pues solamente un exceso de bondad le puede obligar a esto.

Punto 2º. Considera que la fe misma nos enseña que cada hombre[46] sin excepción, sea impío, infiel o réprobo, tiene un Ángel de guarda, y la Iglesia infalible apoyada en los testimonios de la Santa Escritura, no sólo propone a los fieles esta creencia, sino que también ha establecido una fiesta el día 2 de octubre para honrar a los Santos Ángeles custodios.

No podía ser de otro modo: un alma vale más que un mundo a los ojos de Dios, y por esto su providencia destina a cada una un espíritu vigilante y protector, amigo invisible que jamás se aparta de su lado, y la acompaña siempre desde la cuna hasta el sepulcro, es decir, desde que nace el hombre hasta que muere, con una solicitud tan exquisita, que, según el Sagrado Texto, no se duerme jamás en su puesto, nos protege en todos nuestros caminos, nos lleva en sus manos

---

[46] Se entiende puramente hombre, porque Nuestro Señor Jesucristo, como enseñan los Santos Doctores, no necesitó de Ángel custodio por haber sido suficiente guarda de la humanidad su Divinidad; sin embargo, dice Cornelio Alapide: Jesucristo tuvo siempre a su disposición muchos Ángeles de cuyo ministerio podía usar. In. com. Matth. 18. 10.

para que no tropiecen nuestros pies, y aparta la saeta arrojada contra nosotros en el día y la malicia que nos rodea en las tinieblas.[47] Los pasajes en que la Santa Escritura nos habla de los Ángeles custodios son muchos, pero para nuestra consideración basta referir algunos.

El Patriarca Jacob, habiéndose hecho llevar a la hora de su muerte los dos hijos de su hijo José, los bendijo diciéndoles: "Que el Ángel del Señor que me ha socorrido en todos mis males, bendiga a estos niños".[48] El Evangelio refiere que, hablando Nuestro Señor de los niños, declara que sus Ángeles contemplan sin cesar el rostro del Altísimo.[49]

Los Doctores de la Iglesia unánimemente nos enseñan también esta verdad. Oigamos a Orígenes: "Todos tenemos, dice, aún el más humilde y el último de nosotros un buen Ángel, un Ángel del Señor que nos guía, nos aconseja y nos gobierna."[50] Escuchemos también a San Jerónimo: ¡Cuán grande es la dignidad de nuestras almas! exclama, puesto que cada una desde el instante de su nacimiento tiene un Ángel que es delegado por Dios para tenerla bajo su custodia.[51] San Bernardo nos recomienda que nos familiaricemos con los Ángeles, pero con suma reverencia; pues ellos están siempre delante de nosotros para nuestra custodia y consuelo: *Qui semper nobis adsunt ad custodiam et consolationem.*[52] La creencia de los paganos mismos confirma la nuestra. Los filósofos

---

[47] Salmo 90.
[48] Gen. LXVIII. 16.
[49] Matth. 18, 10.
[50] Num. hom. 66.
[51] In c. XVIII. Matth.
[52] Serm. 12 in Psal. *Qui habitat.*

platónicos pensaban que todo hombre tiene su Ángel o *genio tutelar*.

El de Sócrates es célebre: "Es por él, decía este sabio, que estoy guardado, es él quien me lleva al bien y me desvía del mal".[53] Séneca se expresa en estos términos: "Ha y cerca de nosotros, dice, un espíritu sagrado que observa nuestras buenas y malas acciones, que nos guarda y nos sugiere excelentes consejos.[54] Agradezcamos, pues, a Dios el habernos dado Ángeles custodios y que este gran beneficio de su misericordia nos excite a trabajar con una grande confianza en nuestra salvación.

JACULATORIA

Ángel de Dios, bajo cuya custodia se dignó ponerme el Señor con piedad inefable, alúmbrame guíame, y gobiérname. Amén.[55]

PRÁCTICA

Rezad todos los días por la mañana al levantaros y por la noche al acostaros la oración jaculatoria que antecede, haciendo intención de ganar las innumerables indulgencias concedidas a dicha oración.

Se rezan tres Padre nuestros y tres Ave Marías con Gloria Patri y se ofrecen con la siguiente

---

[53] Cicerón, de divinat, lib. 1.
[54] Epist. ad. Lucium.
[55] Pío VI *motu proprio,* por un breve de 2 de octubre de 1705, concedió indulgencia de cien días, cada vez que se rece esta oración e indulgencia plenaria a los que la hubieren rezado a mañana y tarde durante un año entero, en la fiesta de los Ángeles custodios, con tal que habiéndose confesado y comulgado. visiten en este día alguna Iglesia u oratorio público y rueguen por el Soberano Pontífice. [Prinzivali, *Compendio de oraciones,* el Ángel custodio.]

ORACIÓN

Ángeles humildes y llenos de caridad, que a pesar de la excelencia de vuestro noble ser, no os desdeñáis de bajar del Cielo a esta Tierra ingrata para encargaros de la custodia y dirección de la humanidad entera, que inflamados en el fuego ardiente del amor divino, no queréis otra cosa que nuestra santidad y salvación, y por eso nos dispensáis continuamente vuestros buenos oficios y poderosa protección; os suplicamos, fidelísimos custodios nuestros, que nos libréis de los lazos de Satanás, nuestro cruel enemigo; nos defendáis de los rudos combates con que nos asalta; iluminéis nuestros espíritus y abraséis nuestras voluntades, para que, siguiendo el camino que conduce a la verdad y aleja del error; seamos en esta carne flaca y deleznable, hombres del Cielo y ángeles de la Tierra en esta vida, hasta el día en que logremos ir a alabar y bendecir a Dios en compañía de toda la familia angélica por los siglos de los siglos. Amén.

EJEMPLO

Cuando Santa Eulalia, joven virgen de doce años, fue conducida al martirio, se vio acompañada por su Ángel custodio y otros Ángeles hasta el lugar del suplicio; e inspiraron tal valor en medio de sus sufrimientos, que cuando se desgarraba su cuerpo delicado y virginal con uñas de hierro, exclamó en un impulso de alegría ¡Oh Dios mío! ¡cómo es dulce leer los caracteres de vuestro triunfo, trazados con mi sangre por estas uñas de hierro sobre mi cuerpo! [*Vida de la Santa*].

Oración final a la Reina de los Ángeles. Oh María etc.

DÍA DIECIOCHO
ORACIÓN PREPARATORIA COMO EL PRIMER DÍA
MEDITACIÓN
AUXILIO DE LOS ÁNGELES CUSTODIOS EN LOS PELIGROS
DEL ALMA Y CUERPO

Punto 1º. Considera, alma mía, que si la Providencia amorosa de Dios cuida de todas las criaturas dándoles el ser y conservándolas en él, los Ángeles son los ejecutores inmediatos de todos sus benéficos planes, de tal manera, que ninguna puede sustraerse a la acción angélica; más entre los seres que están bajo la custodia de los Ángeles, ninguno tiene mayor necesidad de sus constantes cuidados y atenciones, que el hombre; pues somos de una naturaleza ciega, impresionable y muy fácil de engañar; por efecto del pecado original, nuestra inteligencia está obscurecida, las pasiones desencadenadas, y los peligros que nos rodean por todas partes son innumerables; y sin la asistencia y protección de un Ángel tutelar que nos dirija y guíe, no podríamos gobernar nuestros desenfrenados instintos, y, siempre en insurrección, nuestra pérdida seria segura e irreparable; nada importa que sea invisible la mano que nos resguarda en medio de tanto peligro, no por esto deja de ser menos cierta y segura su protección.

Sólo a los santos ha sido concedido sentir palpablemente y ver corporalmente a sus Ángeles custodios, experimentando visiblemente su amorosa protección; pero si escuchamos la voz poderosa de la fe y los autorizados acentos de nuestra conciencia, reconoceremos que con no menos tierna solicitud que a los santos, nuestros Ángeles custodios nos cuidan, protegen y defienden de cuantos enemigos nos declaran encarnizada guerra.

Punto 2º. Considera que el hombre está expuesto desde su infancia a multitud de peligros en el cuerpo como en el alma: la naturaleza, los animales, los hombres, los demonios, son enemigos que atentan muchas veces contra nuestra existencia: apenas se aleja el niño del regazo de la madre o de los brazos de la nodriza, cuando parece hallar una muerte casi segura en el aire, en el fuego, en el agua y hasta en la Tierra misma que comienza a pisar débilmente.

¿Quién no recuerda diversos lances que llegaron a ponerle al borde del sepulcro? Y es de advertir que lejos de disminuirse los peligros con la edad, por el contrario, se multiplican más y más: expuestos estamos muchas veces a ser mordidos por los perros, maltratados por los caballos, devorados por las fieras, picados por animales ponzoñosos; los elementos nos amenazan constantemente, como los temblores de Tierra, las inundaciones, los incendios, el rayo, la caída de un techo, etc., etc.

Contra todos estos peligros y otros semejantes, nuestros Ángeles nos cuidan en la medida y límites fijados por Dios. Recuerdo que una tarde volvía a caballo de una confesión, de repente se encabritó el animal y no caminaba de frente, sino de lado, procuré examinar la causa, y noté lleno de asombro que a media calle se encontraba un niño como de dos años sentado, que no tuvo tiempo de retirarse, pues distaba del caballo cerca de dos pies, entonces tiré fuertemente de las riendas, vanos esfuerzos, el animal avanzó, pasando por encima del niño y quedando éste precisamente entre las cuatro patas, sin que lo tocaran, saliendo ileso y sano del lance. ¿Quién libró a aquella criatura? los dulces nombres que invoqué y el Ángel de su guarda que dirigió los pasos del caballo. Semejante a este hecho, ¿quiénes hay que no puedan referir otros muchos con los cuales pudieran llenarse grandes volúmenes?

Sin embargo, pasan inadvertidos y no se reconoce la mano bienhechora que tantos beneficios prodiga. Mas si son muchos los peligros del cuerpo, los del alma son todavía mayores en número y calidad, y por lo mismo incomparablemente más temibles; pues que nuestro Señor Jesucristo ha dicho: "No temáis a los que pueden dar muerte al cuerpo, mas no al alma; temed a los que pueden lanzar al infierno al cuerpo y al alma juntamente".[56] Y aunque estas palabras se refieran a la justicia divina, bien podemos aplicarlas a nuestros enemigos capitales que trabajan sin descanso por dar con nosotros al infierno.

Entre estos enemigos está en primera fila el demonio, de cuya guerra ya hemos hablado, siguen luego sus secuaces que son los hombres seducidos, engañados por él, la concupiscencia, el desorden de las pasiones, el mundo con sus perversos ejemplos, con sus novelas, periódicos, teatros, etc.

Cuánto, cuánto pudiera decirse acerca de los peligros a que exponen a cada paso nuestra pobre alma todos estos enemigos; pero de todos ellos podemos salir triunfantes, si nunca nos olvidamos de que tenemos siempre a nuestro lado un poderoso custodio y defensor, que es el Ángel de nuestra guarda.

JACULATORIA

Ángel de mi guarda que veláis constantemente por mi bienestar y salvación eterna, libradme en los peligros de alma y cuerpo que a cada instante y por todas partes merodean.

---

[56] Matth. 10, 28.

PRÁCTICA

Antes de hablar, pensar u obrar alguna cosa, reflexiona que el Ángel de tu guarda está a tu lado, pídele su bendición y auxilio, para que no expongas a peligro alguno ni tu alma ni tu cuerpo. Esta fue práctica de muchos santos.

Se rezan tres Padre Nuestros y tres Ave Marías con Gloria Patri y se ofrecen con la siguiente

ORACIÓN

Ángel custodio de mi alma y de mi cuerpo, que veis los innumerables peligros que por todas partes me rodean, vos a quien ha sido otorgado un gran poder sobre todos los elementos de la naturaleza, y que conocéis perfectamente las asechanzas del demonio y los lazos que sin cesar me tienden el mundo y la carne, fortaleced mi espíritu para que no desfallezca en medio de tantos enemigos; sino antes bien, condado en vuestra poderosa protección, camine por el recto sendero de la virtud, sin encontrar tropiezos que le hagan caer en el pecado, o quebranten mi salud. Esta gracia os pido por los méritos de nuestro Señor Jesucristo. Amén.

EJEMPLO

Había cierta mujer de vid a infame, cuyos crímenes le habían acarreado una enfermedad asquerosa. Por lo mismo todos la despreciaban (que así paga el mundo a quien bien le sirve) y todos huían de ella.

La miserable, afligida con aquel patente castigo del Cielo, entró dentro de sí misma, acudió a Dios y pidió el bautismo (que ni bautizada estaba.) Mas nadie le daba oídos, nadie se atrevía a fiarse de sus palabras, creyendo que. apenas sanara, la costumbre inveterada la arrastrada de nuevo a sus vicios.

Hablaba, sin embargo, con sinceridad, y aunque los hombres la abandonaban, el Ángel custodio miraba por su eterna salud. En el último extremo de la vida se le presentan dos gallardos mancebos, que parecían ser nobles cortesanos: la toman en sus brazos, la conducen a la iglesia, ellos mismos hablan al párroco y salen por fiadores de su sinceridad.

Luego que fue bautizada y vuelta a su choza, los jóvenes desaparecieron, y aquella dichosa pecadora pasó de su miserable lecho a ocupar un trono en la gloria, merced a la solicitud de su Ángel tutelar. Averiguóse después que aquel singular beneficio de la misericordia divina había sido recompensa de un acto de caridad que había hecho, salvando la vida a un pobre. *P. Rafael Pérez de S. J.*

Oración final a la Reina de los Ángeles. Oh María etc.

DÍA DIECINUEVE
ORACIÓN PREPARATORIA COMO EL PRIMER DÍA
MEDITACIÓN
LOS ÁNGELES CUSTODIOS NOS ILUMINAN
Y EXCITAN A LAS BUENAS OBRAS

Punto 1º. Considera, alma mía, que poseyendo los Ángeles custodios una ciencia y un poder tan grandes, que exceden a los débiles alcances de nuestra flaca razón, no quieren emplear estos excelentes dones en otra cosa que en nuestro propio bien; a este fin procuran ilustrar nuestras inteligencias en el camino de la virtud fortaleciendo nuestra fe con sus celestiales luces, aclarándonos sus misterios, y persuadiendo nuestras voluntades hasta conseguir que por sí mismas libremente elijan el bien y huyan del mal.

Para alcanzar estos nobles fines no hacen más que mover nuestra imaginación, produciendo en ella las más hermosas y encantadoras imágenes de la virtud, o representándonos los vicios bajo las formas más repugnantes y monstruosas; en el sueño excitan vivamente nuestra fantasía con visiones tan halagüeñas acerca de los misterios de Jesús, de María Santísima, o de los Santos, que al despertar quedan hondamente grabadas en el alma;[57] y nos sentimos con alientos poderosos para cumplir nuestros deberes y con sumo fervor para los actos de piedad. En nuestras dudas y perplejidades sobre el partido que hemos de tomar en los negocios humanos para no obrar contra la ley de Dios; ellos son los que nos iluminan y dirigen, cuando no bastan los consejos de personas ilustradas, o ilustran la razón de aquellos a quienes consultamos nuestros asuntos.

A los que son perezosos en la práctica de la virtud o se ponen en peligro de caer del estado de gracia en pecado; los Ángeles los estimulan eficazmente, haciéndoles conocer con claridad la ingratitud a los beneficios divinos, el riesgo en despreciar las cosas pequeñas. Otras veces ponen a la vista los buenos ejemplos de algún compañero, excitando interiormente a imitarlos. A veces ilumina al confesor sobre el estado de conciencia de su penitente, o hace ver claramente y comprender lo que se lee en los buenos libros.

Producen otras ocasiones cierto gusto y alegría sensible, que dura algún tiempo después del cumplimiento de un deber o de la práctica de un acto de piedad. En todas partes y en todos tiempos el Ángel

---

[57] *Cfr*. Summ Theol. Divi Thomae Aquinatis, P. I. q. CXI. a. 1.

custodio se manifiesta nuestro maestro, nuestro doctor, nuestro guía; y si nuestra fe fuese más viva, siempre nos volveríamos hacia él con sumo respeto para pedirle sus santas inspiraciones, sus luces celestiales y su eficacia poderosa; más desgraciadamente de nadie nos olvidamos con tanta frecuencia como de este ilustre compañero y sabio director; prometamos pues, ser de aquí en adelante más atentos con nuestro Ángel custodio.

Punto 2º. Considera que la misión del Ángel de la guarda no es otra, en cierto modo, que la misión de Nuestro Señor Jesucristo, respecto de todos los hombres; pues nuestro Salvador no ha venido al mundo sino a enseñarnos el camino del Cielo y a exhortarnos a entrar en él por medio de la fe y de las buenas obras; y no otra cosa que esto, es lo que hacen nuestros Ángeles custodios.

Así lo enseñan los santos Padres, cuya autoridad en este punto como en otros muchos, jamás debemos despreciar, porque es de algún modo la autoridad de la Iglesia y por tanto la de Dios mismo. Oigamos sobre este particular a San Lorenzo Justiniano: "Los Ángeles, dice, no cesan de trabajar por nuestra salvación de todas las maneras posibles. Nos enseñan a obedecer a Dios, a someternos a nuestros superiores, a amar la paz, a querer la humildad y odiar todo lo que ellos saben ser opuesto a la virtud".[58] San Atanasio llama a los Ángeles custodios *los preceptores de los mortales.*

"Siempre nos están presentes, dice San Agustín, nos ilustran con saludables inspiraciones.[59] Así todo Ángel custodio puede decir a su protegido lo que el

---

[58] De cast. conn. 3.
[59] Solil. c. 27.

Arcángel Gabriel decía a Daniel: "He aquí que he bajado del Cielo para inspirarte.[60]

Examinemos cuántas veces hemos despreciado las santas inspiraciones de nuestros celestiales compañeros, y prometamos la enmienda para lo sucesivo, que es tan grande el amor que nos tiene este Ángel que por más que hayamos cerrado nuestros oídos a sus dulces reclamos, él nos perdonará y seguirá aún con mayor celo comunicándonos sus luces para que le sigamos doquiera que él nos lleve, que será siempre a la verdad y al bien.

JACULATORIA

Ángel custodio, dignaos inspirarme siempre en todos mis actos para que no piense, hable ni obre sino lo que a vos agrada y a la Majestad divina.

PRÁCTICA

Cuando sintáis interiormente algún buen pensamiento o deseo de dar una limosna, un buen consejo o practicar algún acto de piedad o de alguna virtud; no lo rechacéis, porque es una santa inspiración del Ángel de vuestra guarda.

Se rezan tres Padre Nuestros y tres Ave Marías con Gloria Patri y se ofrecen con la siguiente

ORACIÓN

Oh Ángel custodio mío, quien la Providencia divina ha constituido, mi consejero, maestro y director, os tributo los más sinceros homenajes de reconocimiento por las innumerables inspiraciones con que os habéis dignado ilustrar mi entendimiento, y por los tiernos y suaves impulsos con que habéis inclinado mi corazón

---

[60] Dan. IX, 22.

hacia el bien y la virtud. Os ruego me perdonéis que haya yo correspondido tan mal a estos amorosos cuidados y humildemente os pido me alcancéis de Aquel que es el camino, la verdad y la vida, las divinas luces para poder caminar con seguridad por entre las espesas tinieblas de este mundo hasta ser inundado en el torrente de esplendores inmortales y eternos. Amén.

EJEMPLO

Un día que celebraban grandes regocijos en Roma y asistía a ellos el emperador Diocleciano, un comediante por nombre Ginés, creyó que no divertiría mejor a la corte impía, que remedando por burla las ceremonias del santo bautismo. Apareció echado en el teatro, como si estuviera enfermo, y pidiendo le bautizacen para morir tranquilamente.

Presentáronse otros dos comediantes disfrazados, el uno de sacerdote, y el otro de exorcista, quienes acercándose a la cama, dijeron a Ginés: "Hijo, ¿por qué nos haces venir?" Al instante se siente trocado el corazón de Ginés y responde seriamente: quiero recibir la gracia de Jesucristo, y por la santa regeneración obtener el perdón de mis pecados. ¡Bravo! exclaman todos: ¡qué bien desempeña su papel!

Hiciéronle las ceremonias del bautismo; y cuando le hubieron puesto el vestido blanco, continuaron algunos soldados la farsa, lo conducen preso al emperador para ser preguntado como los mártires. Ginés aprovechándose de la facilidad natural que tenía para hablar, con un aire y tono inspirado, arengó al público desde el lugar elevado en que se hallaba: "Escuchad, emperador y cortesanos, senadores, plebeyos, todas las órdenes de la orgullosa Roma, escuchadme.

Antes cuando oía pronunciar el nombre de Jesucristo, temblaba de horror y ultrajaba cuanto en mí cabía, los que profesaban esta religión; hasta tenía aversión a muchos parientes y allegados míos, a causa del nombre cristiano y detestaba el cristianismo hasta el punto de instruirme en sus misterios, como habéis podido verlo, a fin de hacer burla de ellos públicamente; pero así que el agua del bautismo ha tocado mi carne, mi corazón se ha mudado, y a las preguntas que se me han hecho he contestado sinceramente lo que creía.

He visto una mano que se extendía desde lo alto de los Cielos, y Ángeles brillantes de luz que estaban sobre mí. Han leído en un libro terrible todos cuantos pecados cometí desde mi infancia; los han borrado luego y en seguida me han mostrado el libro mismo más blanco que la nieve. Oíd, pues, oh grande emperador y vosotros espectadores de toda condición, a quienes mis juegos sacrílegos han excitado a reíros de estos divinos misterios: yo soy más culpable que vosotros; pero creed ahora conmigo que Jesucristo es el Señor Dios de Cielos y Tierra, sólo digno de nuestra adoración y tratad también de obtener misericordia de Él".

El emperador Diocleciano igualmente irritado que sorprendido, hizo primero dar de golpes a Ginés, después le remitió al prefecto Plauciano, a fin de obligarle a sacrificar a los ídolos. El prefecto empleó inútilmente tormentos espantosos, Ginés clamaba constantemente: "No hay Señor comparable al que acaba de aparecerme; le amo y le quiero con toda mi alma; aunque tuviera que perder mil vidas, nada me separará de Él; jamás los tormentos me quitarán a Jesucristo de la boca ni del corazón; siento el más vivo pesar de todos mis extravíos pasados y de haber comenzado tan tarde a servirle".

Viendo que su elocuencia hacia tanta impresión, se dieron prisa a cortarle la cabeza. *Vidas de los Santos.*

Oración final a la Reina de los Ángeles. Oh María etc.

DÍA VEINTE
ORACIÓN PREPARATORIA COMO EL PRIMER DÍA
MEDITACIÓN
LOS ÁNGELES CUSTODIOS OFRECEN
A DIOS NUESTRAS BUENAS OBRAS

Punto 1º. Considera, alma mía, que nuestros Ángeles custodios no se limitan únicamente a ilustrarnos en el bien que hemos de hacer y a sugerirnos las buenas obras que podemos practicar; sino que también, cuando merced a sus inspiraciones, hemos hecho el bien, ellos se encargan de ofrecerlo a Dios para que lo acepte.

Así, pues, todas nuestras súplicas, oraciones, necesidades, sufrimientos, en una palabra, todas nuestras buenas obras no pueden llegar al trono del Eterno sin pasar antes por las manos de los Ángeles, quienes las depositan al pie del altar de oro, que es Nuestro Señor Jesucristo. Sin esta mediación de los santos Ángeles, nuestras obras no tendrían la aceptación y acogida que deseáramos, pues llevadas en nuestras manos, serían como alimentos servidos en platos sucios; provocarían el desagrado de Dios; mientras que en las manos puras de los Ángeles les son más agradables.

Por esto en el Santo Sacrificio de la Misa decimos a Dios: *Disponed, Señor, que nuestras oraciones os sean presentadas por las manos de tu santo Ángel*[61] porque este Ángel, como dice Bossuet: "Les presta sus alas para elevarlas, su fuerza para sostenerlas, su fervor para animarlas".[62]

No se contentan con presentar sólo nuestras oraciones, sino que ofrecen todas nuestras buenas obras, como hemos dicho; recogen todos nuestros deseos y pensamientos y les dan valor delante de Dios. Sobre todo, ¿quién podrá expresar la inmensa alegría que inunda sus corazones cuando pueden presentar a Dios o las lágrimas de los penitentes o los trabajos sufridos por su amor en humildad y paciencia?

Ellos saben que la conversión de los pecadores da lugar a la fiesta más espléndida y al regocijo más grande de los espíritus celestes, pues que, siendo el fruto de sus cuidados y desvelos, es el más bello y rico presente que pueden ofrecer al Altísimo.

Respecto de nuestros sufrimientos, es necesario no olvidar que por ellos nos hacemos semejantes a nuestro Señor Jesucristo, que es apellidado el Hombre de Dolores, y que es un grande honor, una inmensa gloria que se represente en nuestro cuerpo mortal y pasible la vida de Jesús, como dice el Apóstol.[63]

Pues bien, si los Ángeles fueran capaces de envidia, no desearían otra cosa que sufrir por amor de Dios, a fin de imitarle haciéndose partícipes de inmensos grados de gracia y de gloria correspondientes a los sufrimientos; pero ya que estos espíritus bienaventurados comprenden que no pueden tener

---

[61] Palabras que el Sacerdote pronuncia después de la consagración: *Jube haec perferri per manus saneti Angelí tui* etc.
[62] Panégirique des Anges Gardiens.
[63] II Cor. IV. 11.

este honor, porque su naturaleza impasible no les permite dar a su Dios esta generosa prueba de fidelidad por medio de las aflicciones; se contentan, se satisfacen y se regocijan en alabarla en los mortales y tienen a grande honra presentar al Señor las penas de los mártires como las aflicciones y austeridades de los confesores, y, en general, todos los trabajos sufridos por amor de Dios de sus recomendados.

Punto 2º. Considera que este oficio de los Ángeles, como otros varios, está consignado claramente en las Santas Escrituras; y los Santos Padres y Doctores lo han enseñado expresamente; por lo mismo, no nos es lícito dudar de él; sino antes bien debemos regocijarnos de una verdad tan a» consoladora y provechosa. Este oficio de medianeros entre Dios y los hombres, fue lo que vio Jacob figurado por aquella escala misteriosa cuyo pie se asentaba en la Tierra, y cuya altura tocaba con el Cielo, y por la cual subían y bajaban innumerables Ángeles.

Así lo entendió Orígenes cuyas son estas palabras: "Los Ángeles suben porque ellos son los que llevan al Cielo los votos y plegarias de los hombres".[64] San Juan en el Apocalipsis dice que vio una muchedumbre de Ángeles que ofrecían ante el trono de Dios exquisitos aromas que salían de los incensarios y pebeteros que llevaban en sus manos, los cuales, añade, son las oraciones y plegarias de los justos de la Tierra.[65]

San Bernardo dice claramente: "Los Ángeles ofrecen al Señor no sus trabajos, sino los nuestros, no sus lágrimas sino las nuestras, y en cambio nos traen del Cielo dones divinos".[66] Y San Agustín dice de igual

---

[64] Lib. 5. contra Cels.
[65] Apoc. 5. 8.
[66] Serm. 1 de angelis.

modo: "Señor, ellos llevan a vuestros pies nuestros gemidos y suspiros, a fin de obtener más fácilmente de vuestra bondad nuestro perdón".[67] Es unánime el testimonio de los escritores católicos acerca de esta verdad.

Así, pues, alegrémonos al saber que cada uno de nosotros tiene un feliz mensajero, un noble abogado, que presentando ante el trono de Dios nuestras tibias oraciones y súplicas, calma la cólera divina irritada contra nosotros y nos alcanza preciosos tesoros de bondad y misericordia.

JACULATORIA

Santo Ángel de mi guarda, dignaos ofrecer todos los días al Señor las buenas obras que practicare, alcanzándome en recompensa abundancia de gracias y dones celestiales.

PRÁCTICA

Ofreced todas las noches antes de acostaros por manos de vuestro Ángel custodio, al Corazón purísimo de Jesús, todas vuestras buenas obras ejecutadas durante el día.

Se rezan tres Padre Nuestros y tres Ave Marías con Gloria Patri y se ofrecen con la siguiente

ORACIÓN

Amantísimo Ángel de mi guarda, celoso abogado de mi alma, ya veis que mis oraciones son demasiado imperfectas para que puedan elevarse por sí mismas hasta el trono del Altísimo, pues que casi siempre van acompañadas de pensamientos vanos e imaginaciones vagas y con los recuerdos de los cuidados temporales;

---

[67] Loliloq. c. 7

por eso recurro a vos, suplicándoos las recojáis en vuestras manos puras y las presentéis al Padre de las misericordias, a fin de que, obteniendo amorosa acogida, sean despachadas favorablemente, tornándose en dulces bendiciones y abundantes gracias con que pueda amar y servir a Dios en esta vida y después gozarle para siempre en la otra. Amén.

EJEMPLO

Santa Rosa de Lima desde sus más tiernos años gozaba de familiaridad estrechísima con el Ángel de su guarda. Habíase formado una especie de celda en la extremidad de la huerta de su casa, y allá se retiraba diariamente y pasaba largas horas en la oración y penitencia. Una noche, rendido su tierno cuerpecito de una austeridad tan sobre sus años y sus fuerzas, sintió un desmayo extraordinario, y se vio obligada a acudir al auxilio de su madre, Viéndola ésta entrar pálida y desfallecida, ordenó a la criada le trajese inmediatamente un poco de chocolate; más la niña suplicaba que suspendiese la orden, porque muy presto le vendría de otra parte aquel alivio.

¿Pero de dónde? replicó la buena Señora; ¿quién puede tener noticia de tu necesidad? La niña persistía, y en esto entra el criado de una amiga íntima de la casa trayendo a Rosa una jícara de chocolate. Sorprendida la madre mandó a la santa niña le declarase a quién había enviado a pedir aquel reparo. No lo extrañes, madre, contestó candorosamente, estos y semejantes servicios me hace continuamente el Ángel de mi guarda: apenas me sentí desfallecer, le dije que hiciera saber mi estado a nuestra amiga María y la necesidad que tenia de aquel socorro.

Mi buen Ángel nunca deja de hacerme lo que le encargo. Llena de estupor la madre, no sabía que admirar más, si la rareza del prodigio, o la poca novedad que Rosa hacía de él; más luego tuvo ocasión de observar que su santa hija estaba acostumbrada a tales finezas de su celestial ayo.

Este caso y otros semejantes se leen en la Bula de canonización de la Santa Virgen, expedida por el Papa Clemente X.

Oración final a la Reina de los Ángeles. Oh María etc.

DÍA VEINTIUNO
ORACIÓN PREPARATORIA COMO EL PRIMER DÍA
MEDITACIÓN
AMOR Y GRATITUD QUE DEBEMOS
A LOS ÁNGELES CUSTODIOS

Punto 1º. Considera, alma mía, que los deberes que nos ligan a nuestros Ángeles custodios, son más imperiosos y más íntimos que los que tenemos para con los demás Ángeles y santos del Cielo; porque aunque tengan éstos sobrados títulos para merecer nuestro amor y respeto, no tienen sobre nosotros autoridad divina ni nos cuidan con más solicitud perseverante desde la cuna hasta el sepulcro; pues así como cuando un padre entrega a su hijo a un ayo para que lo eduque, traslada a él los derechos de la paternidad cuanto es conveniente para el fin que se propone; de la misma manera Dios, al entregarnos a los Ángeles custodios para que nos guíen y enderecen en esta vida mortal; les ha comunicado su autoridad soberana, cuanto es necesario para la consecución de nuestro último fin, o sea nuestra eterna felicidad.

Debemos, por consiguiente, considerarlos revestidos de autoridad divina sobre nosotros; tienen el derecho que Dios les ha dado, y a nosotros nos corresponde el deber de considerarlos como sus representantes.

Y como desempeñan fielmente su noble misión, derramando a manos llenas sobre nosotros la abundancia de sus favores, de aquí nacen los deberes de amor y gratitud que para con ellos tenemos. En primer lugar, el amor, porque el motivo más poderoso para amar es el amor mismo, por esto se ha dicho que el amor engendra amor: *Si vis amari ama.* Si quieres ser amado ama tú también. Los Ángeles custodios nos aman de un modo tiernísimo que no podemos comprender; porque somos como ellos criaturas inteligentes y libres y la semejanza de naturaleza siempre engendra amor; nos aman porque han visto a Dios amarnos hasta el punto de darnos a su Hijo y han visto a la vez a este Hijo dar su vicia por rescatarnos y hacerse amar por nosotros durante toda la eternidad; más como el amor sólo se corresponde con amor, debemos también nosotros amar a nuestros Ángeles custodios.

Todavía más, aun suponiendo que ellos no nos amasen, nos bastaría saber que Dios los ama por ser criaturas las más perfectas que ha sacado de la nada. ¿Y no sería justo que nosotros amásemos lo que Dios ama? Lo que es digno del amor divino ¿no sería con mayor motivo digno del nuestro? Por otra parte, si el conjunto de las cualidades que constituyen el mérito de una persona, produce en nosotros amor, cuan grande debe ser el amor que profesemos a nuestros Ángeles de guarda; puesto que cuanto mayores y más excelentes son las cualidades que adornan a una persona, tanto más amable la hacen.

¿Y quién duda, como se ha demostrado ya en los días anteriores, que la nobleza, sabiduría, gracia, santidad, poder, hermosura, y demás bellas dotes, que forman un armonioso conjunto se encuentran reunidas en nuestros Ángeles custodios? Son, por tanto, indiscutibles y por lo mismo puestos fuera de duda los hermosos títulos que hacen acreedores a nuestro amor a los Ángeles custodios.

Punto 2º. Considera, en segundo lugar, que siendo la gratitud el reconocimiento de los beneficios dispensados; a nadie después del amable Jesús y de su santísima Madre, debemos mayor gratitud que a nuestro Santo Ángel custodio; porque después de nuestro Salvador y de María, de nadie hemos recibido mayores bienes y más esmerada solicitud, que de nuestro celeste protector y perpetuo compañero.

Para persuadirnos bien de este deber, nos bastaría recordar los oficios que desempeñan con nosotros: ellos nos purifican, nos iluminan y perfeccionan, nos libran de los peligros de alma y cuerpo, ofrecen a Dios nuestras buenas obras, bajan del Cielo a la Tierra, llenos de bendiciones y gracias que derraman en nuestras almas, excusan nuestras faltas delante de Dios, nos asisten en una palabra de día y de noche prodigándonos toda clase de atenciones y cuidados.

En vista de tantos y tan continuos beneficios que nos dispensan, ¿podremos negarles nuestros sentimientos de gratitud? ¡Ah! Seríamos entonces más ingratos que las mismas fieras, pues los historiadores refieren ejemplos sorprendentes de esta hermosa virtud dados por algunos animales.

Resolvámonos, pues, a ser de hoy en adelante más agradecidos a nuestros Ángeles custodios, y a corresponder con amor más crecido a todos sus tiernos y amorosos desvelos; así se redoblará más y más su vigilancia hasta ponernos en posesión del reino celestial.

JACULATORIA

Santos Ángeles custodios, que sois nuestra luz, nuestros protectores, nuestros consejeros y nuestros guías; recibid los homenajes de nuestro reconocimiento y rogad por nosotros.

PRÁCTICA

Siempre que salgáis bien de algún lance apurado, o tenga un éxito feliz la empresa que acometáis, acordaos de que el Ángel de vuestra guarda ha tomado parte muy especial y dadle las más finas gracias.

Se rezan tres Padre nuestros y tres Ave Marías con Gloria Patri y se ofrecen con la siguiente

ORACIÓN

Amorosísimo Ángel de mi guarda, representante de Dios en la Tierra para dirigir todos mis pasos hacia el bien y apartarme con tierna solicitud de los caminos del mal; ¿con qué amor podré corresponderos tanto s y tan afectuosos cuidados, como de continuo me estáis prodigando desde que vine a este mundo? ¿Y cómo podré daros los más vivos testimonios de gratitud que merecéis, cuando apenas alcanzo a entender o vislumbrar la grandeza de vuestros beneficios?

¡Ah! Vos, Ángel mío, bien conocéis mi impotencia y ceguera para no exigir de mí los homenajes de reconocimiento que os corresponden, por tanto, sólo os ruego me alcancéis de Dios la gracia de dejarme regir y gobernar de vos según el beneplácito divino. Amén.

EJEMPLO

Santa Francisca Romana, que floreció a mediados del siglo XV, gozaba constantemente de la presencia visible del Ángel de su guarda.

Veíale a su lado en forma de un lindísimo niño, de cuyo rostro nacían tan vivos resplandores, que para ella nunca había noche. Sus ojos elevados al Cielo, sus labios sonreían dulcemente, sus cabellos de oro flotaban graciosamente con la brisa, sus manos cruzadas sobre el pecho, sus vestiduras aparecían una. veces cándidas como la nieve, otras como el azul del Cielo y otras del color de la púrpura.

Dichosísima vivía la santa al lado de tan sin par compañero; pero si alguna vez cometía alguna ligera falta, se ausentaba de ella hasta que la expiaba. Otras veces que por atender al cumplimiento de alguna obligación tenía que suspender el rezo del santo Rosario o del oficio parvo de la Santísima Virgen, al volver hallaba que el Ángel tenía escrito con letras de oro lo que había dejado de concluir: tanto agrada a los Ángeles la exactitud en atender a los propios deberes. *P. Rafael Pérez.*

Oración final a la Reina de los Ángeles Oh María etc.

DÍA VEINTIDÓS
ORACIÓN PREPARATORIA COMO EL PRIMER DÍA
MEDITACIÓN
REVERENCIA A NUESTROS ÁNGELES CUSTODIOS

Punto 1º. Considera, alma mía, que por muchos títulos estamos obligados a rendir a los Ángeles custodios nuestros homenajes de honor y de respeto; pues se liorna *y* respeta a un príncipe, a un magistrado por el alto puesto que ocupa en la sociedad; a un sabio, a un maestro por su ingenio y sabiduría; se respeta mucho más a un sacerdote, a un obispo por la altísima dignidad de que están condecorados; se veneran y reverencian las virtudes de los santos, y las personas consagradas a Dios aunque la Iglesia no las haya declarado santas.

Ahora bien, ¿cuál de estos títulos que arrebatan nuestras respetuosas atenciones, puede faltar a nuestros Ángeles custodios?

Ellos son, como ya lo hemos repetido varias veces, por su naturaleza más excelentes que nosotros, más sabios, más poderosos; por la gracia divina que poseen, son hermosísimos, santos y felices, y todos estos títulos, ¿no serán suficientes para merecer nuestro respeto y reverencia? Si no lo son, entonces no hay criatura en el Cielo ni en la Tierra que sea digna de nuestras más vulgares atenciones.

Más todos estos títulos convienen a todos los Ángeles sin excepción, por los cuales son acreedores a nuestros respetos y atención; pero respecto de nuestros Ángeles custodios, en cuanto y se les ha encomendado el cuidado de nuestras almas, hay un título poderosísimo que nos obliga estrechísimamente a honrarlos y venerarlos; y este título es el haber sido constituidos cerca de nosotros los enviados y los embajadores de Dios, y los ministros y representantes de su persona.

Así, pues, como son rodeados de honores entre los hombres, los embajadores de los reyes, así también, y mucho más, nuestros Ángeles custodios deben ser honrados con toda clase de honores y respetos. ¿Y que son los embajadores humanos comparados con los Ángeles? ¿Y qué son los reyes que los envían comparados con Dios? Debemos, por consiguiente, honrar a nuestros Ángeles custodios, y todavía más que a nuestros mismos padres que nos han dado la vida corporal y que nos la conservan o la han conservado a costa de mil sudores y trabajos; porque, ¿la vida del alma no es superior a la del cuerpo?

Aquellos que ponen todo su cuidado en conservárnosla para que podamos llegar al Cielo, merecen indudablemente ser honrados mucho más.

Punto 2º. Considera, en segundo lugar, a qué nos obliga esta reverencia y honor debidos a nuestro Ángel custodio. Nos obliga a no hacer nada en su presencia que pueda desagradarle, siguiendo el consejo de San Bernardo que nos dice: "Anda con recato como quien está en presencia del Ángel a quien has sido encomendado; en cualquier lugar, en cualquier rincón reverencia a tu Ángel: no te atrevas a hacer en su presencia lo que no te atreverías a hacer en la mía".[68] "Así como la hediondez ahuyenta a las palomas, dice San Basilio, y el humo a las moscas de la miel, así el pecado pone en fuga a nuestros buenos Ángeles".[69]

¿Por qué, pues, si creemos que en realidad un Ángel está constantemente a nuestro lado y es testigo de todos nuestros actos, nos atrevemos a hacer en su presencia lo que no osáramos ni delante del más vil hombrecillo? ¡Cuán graves son las inconsecuencias de nuestra fe práctica! Nos avergonzamos si un amigo o un compañero llega a saber nuestras faltas, y se nos da poco de que el Ángel del Señor esté contemplando nuestras miserias y pecados.

No olvidemos que Jesucristo inculca el respeto a los niños en atención a sus santos Ángeles: que San Pablo ordena que las mujeres se cubran la cabeza en el templo por respeto a los Ángeles que ahí asisten: que Daniel, Tobías, el Evangelista San Juan se turban y caen de rodillas en Tierra en presencia de un Ángel. Imitemos a muchos santos y almas virtuosas que acostumbran no solo saludar a su Ángel de guarda; sí

---

[68] Serm. in Psalm. 90.
[69] Hom. in Ps. 33.

que también a los Ángeles custodios de las personas con quienes tratan; reclaman su apoyo, les ceden el paso antes de pasar por una puerta, y ejercen para con ellos o tras mil respetuosas atenciones

JACULATORIA

Ángel santo de mi guarda, perdonadme todas las faltas que he cometido hasta hoy en vuestra presencia soberana.

PRÁCTICA

Acostumbraos a andar en la presencia de vuestro Ángel custodio y a saludarle frecuentemente, en particular antes de comenzar una buena obra solicitando su asistencia y apoyo.

Se rezan tres Padre Nuestros y tres Ave Marías con Gloria Patri y se ofrecen con la siguiente

ORACIÓN

Santo Ángel de mi guarda, vigilante centinela, que estáis siempre a mi lado observando hasta los más ligeros pensamientos de mi alma y los menores movimientos de mi cuerpo; cuántas veces olvidándome de vuestra presencia, he cometido irreverencias y desacatos delante de vos con mis pecados; perdonadme y ayudadme, santo Ángel mío, a respetaros y a reverenciaros, como lo merecéis, para que no piense, hable, ni obre sino lo que agra da a nuestro Señor y a vos. Amén.

EJEMPLOS

Del Venerable Padre Bernardino Realino, de la Compañía de Jesús, se lee en su vida, que guardaba a su Ángel custodio todas aquellas atenciones que prescribe la urbanidad; si iba por las calles, le ofrecía el lado más digno; si estaba en el templo, lo tenía al lado derecho. Y el también sentía las atenciones mutuas del Ángel; una vez siendo ya muy anciano, tropezó, y su santo compañero le dio la mano para que no cayese: en otra ocasión le estuvo cubriendo la cabeza mientras decía Misa, para que no le causase daño el frío, y mil otras finezas por este estilo.

Esta fe viva había logrado infundir en sus congregantes el Padre Jantier, hasta tal grado, que los niños, cuando le encontraban en los tránsitos, o iban a su cuarto, saludaban primero al Ángel del Padre con una expresión de afecto y reverencia que bien se veía de donde les nacía, y lo hacían aún más patentes con la regularidad de sus costumbres y acendrada piedad. *P. Rafael Pérez.*

Oración final a la Reina de los Ángeles. Oh María etc.

DÍA VEINTITRÉS
ORACIÓN PREPARATORIA COMO EL PRIMER DÍA
MEDITACIÓN
TEMOR A NUESTROS ÁNGELES CUSTODIOS

Punto 1º. Considera, alma mía, que si el amor y beneficios continuos que los Ángeles custodios nos dispensan, no son suficientes a enmendar nuestra vida y a tributarles los homenajes de respeto y veneración que les son debidos, al menos muevan nuestra insensibilidad su indignación y justa cólera por las que castigarán nuestra ingratitud.

Consideremos que estos mismos habitantes del Cielo, que, como hemos visto, llevan allá nuestras plegarias y buenas obras para traernos en cambio abundantes bendiciones y gracias; también saben llevar nuestros pecados y crímenes. Ellos serán los que un día den contra nosotros testimonios irrefragables acerca de nuestra mala conducta. Entonces se abrirán los libros, dice la Escritura[70] presentáronse los Ángeles custodios, y se leerá en su espíritu y memoria, como en registros vivientes, un diario exacto de nuestras acciones y vida criminal. San Agustín es quien lo dice, "Que nuestros crímenes están escritos, como en un libro en el conocimiento de los espíritus celestes, los cuales están destinados a castigar los crímenes".[71]

Cuántas maldades horribles se pondrán de manifiesto a un solo golpe de vista y cuan grande será la vergüenza de nuestra vida delante no sólo de la hermosura de Dios, sino en presencia de la belleza incorruptible de estos espíritus puros, que nos echarán en cara sus asiduos y amorosos cuidados; con que fuerza harán patente la enormidad de nuestras faltas; pues no sólo el Cielo y la Tierra se habrán irritado contra nosotros; sino que aún nosotros mismos no podremos sufrirnos.

¡Ah! sí, temblemos, temblemos porque el Ángel que está a nuestro lado, este guardián fidelísimo, tomará parte contra nosotros pues, el alma que se le ha encomendado, se hallará entonces perdida y desesperada, sentirá el más completo abandono y la soledad más espantosa, viendo a sus mejores amigos levantarse contra ella. Estos caritativos compañeros pueden llegar a ser, por culpa nuestra, nuestros perseguidores porque nuestros pecados habrán convertido en contra nuestra todo aquello que se nos había dado para nuestra salud eterna.

El Salvador se tornará en Juez inflexible, su sangre derramada por nuestro perdón, clamará venganza contra nuestros crímenes.

---

[70] Apoc. XX. 12.
[71] Cont. Julián, lib. VI. cap. XIX, n. 62.

Los Sacramentos, estas dulces fuentes de gracia, se volverán contra nosotros fuentes de maldición. El cuerpo de Jesucristo, manjar de inmortalidad, llevará a nuestras entrañas la eterna condenación; pues es tal la malicia del pecado, que cambia en veneno mortal y en peste horripilante los remedios más saludables: no nos asombremos, pues, de que los Ángeles custodios puedan convertirse en nuestros perseguidores y enemigos implacables.

Punto 2º. Considera, que no solamente son temibles nuestros Ángeles custodios en el día del juicio, sino que también mientras vivamos en el mundo deben inspirarnos temor: porque si son instrumentos de la misericordia de Dios, son también instrumentos de su justicia y están dotados de un poder extra ordinario, del cual hacen liso cuándo y cómo el Señor les ordena.

Así leemos en la Santa Escritura que, en una sola noche, un Ángel mató a los primogénitos de los egipcios;[72] y en otra noche otro Ángel mató igualmente hasta ciento ochenta y cinco mil soldados en su campamento.[73] Mas esto nada tiene de asombroso, porque un solo Ángel, merced al poder que tiene por su naturaleza, bastaría para dar muerte en pocos momentos a todos los hombres.

Pero nuestro temor debe crecer al considerar que Dios les ha dado poder para castigar nuestros pecados; y aunque no sepamos que usan con frecuencia de este poder, basta que sepamos que lo poseen para que esto sea ya un motivo para temerles, pues aunque no lo usarán más que rara s veces, los golpes que contra nosotros descargaran serian en extremo sensibles y dolorosos; porque podrían, por ejemplo, privarnos de nuestros padres, hermanos,

---

[72] Exod. XII, 29.
[73] Reg. XIX, 35.

amigos, o de nuestros bienes, de algún miembro de nuestro cuerpo, o finalmente de nuestra salud. Consideremos, pues, que el Ángel custodio, testigo perpetuo de nuestras acciones y celoso por el cumplimiento de la justicia divina está pronto a castigarnos a la menor señal de Dios.

Como se le preguntara a un venerable solitario, cuál era su práctica diaria favorita, respondió: "Me considero como si mi Ángel estuviera delante de mí, y me vigilo a mí mismo, acordándome de lo que está escrito: *Veía siempre a mi Señor en mi presencia porque está a mi lado para que no me turbe,*[74] le temo porque el observa todo lo que hago, y cada día sube hacia Dios para darle cuenta de mis oraciones y de mis palabras".[75]

JACULATORIA

Ángel de mi guarda, ministro de la Misericordia como de la Justicia divinas, haced que os ame y os tema siempre.

PRÁCTICA

En las oraciones de la noche, practicad actos de temor a vuestro Ángel custodio, en particular cuando hayáis tenido la desgracia de caer en algún pecado grave.

Se rezan tres Padre Nuestros y tres Ave Marías con Gloria Patri y se ofrecen con, la siguiente

ORACIÓN

Ángeles de nuestra guarda, espíritus poderosos, en cuyas manos vibra la espada vengadora de la Justicia divina, no descarguéis sus golpes sobre nosotros, infelices pecadores, que la hemos provocado con nuestros delitos, miradnos aquí postrados, llenos de

---

[74] Ps. XV, 8.
[75] *Vida de los Padres del Desierto.* Lib. VII. c. 64.

temor por haberos afligido tanto con el endurecimiento de nuestros corazones; pero ahora queremos alegraros con las lágrimas de nuestra penitencia; a fin de que borréis del libro de nuestra vida todos los pecados que hemos cometido, y nos presentéis un día ante el trono de Dios cubiertos con la cándida vestidura de la gracia para alabarle eternamente. Amén.

EJEMPLO

Juan Correa, jovencito jesuita de extraordinaria virtud, tenía la dicha de tratar visible y familiarmente con el Ángel de su guarda; con él consultaba sus dudas, de él recibía lecciones: eran como dos amigos íntimos. El Ángel solía despertar a Juan todas las mañanas, más un día se mostró éste un poco remiso y no obedeció con la prontitud de siempre.

La falta no era muy grave, sobre todo estando el pobre joven fatigado de un largo y penoso camino hecho a pie por las sierras y bosques vírgenes de América; sin embargo, su amante ayo pensó de otra manera. ¿Qué castigo le daría? El que podía serle más sensible: se le ocultó por unos cuantos días, y luego que a fuerza de súplicas y lágrimas volvió a mostrársele, le reprendió severamente su negligencia. *P. Rafael Pérez.*

Oración final a la Reina de los Ángeles. Oh María etc.

DÍA VEINTICUATRO
ORACIÓN PREPARATORIA COMO EL PRIMER DÍA
MEDITACIÓN
OBEDIENCIA A NUESTROS ÁNGELES CUSTODIOS

Punto 1º. Considera, alma mía, que la obediencia a nuestros Ángeles custodios es un deber, de cuyo cumplimiento depende agradar a Dios Nuestro Señor y conseguir el último fin para que hemos sido creados; pues ellos no nos mandan sino lo mismo que Dios nos ordena; sus preceptos son los preceptos divinos, sus inspiraciones, las inspiraciones santas del Espíritu divino, su voluntad, la voluntad misma del Padre celestial.

Por consiguiente, si obedecemos al Ángel de nuestra guarda, obedecemos a Dios; si le despreciamos, despreciamos al mismo Dios, quien nos prescribe clara y terminantemente esta obediencia a nuestro Ángel custodio por estas palabras: "He aquí que yo envió a mi Ángel para que te guíe, te acompañe en el camino y te conduzca al lugar que te he preparado, obedécele y escucha sus palabras".[76]

Ahora bien, no podemos dudar que los Ángeles nos hablan, pues ya hemos considerado al tratar de su lenguaje, cómo se comunican con nosotros ordinariamente, es decir, sugiriendo en nosotros los buenos pensamientos, inspirándonos firmes resoluciones de apartarnos del mal y practicar la virtud. Así, pues, cuando os sintáis movidos a imitar el buen ejemplo de un amigo, no dudéis que ese movimiento interior es la voz del Ángel que os habla; si a la vista de un pobre, os viene la idea de socorrer sus necesidades, esa idea es una inspiración de vuestro Ángel. ¿Y qué debéis hacer en estos y otros casos semejantes, sobre todo cuando se trata de la práctica de vuestras obligaciones? escuchar sus voces interiores, es decir, ejecutar lo mismo que vuestro amigo, dar la limosna al pobre según vuestras posibilidades, etc.; de esta manera ya habéis obedecido a vuestro Ángel custodio.

---

[76] Exod. 23, 20.

Punto 2º. Considera que aun cuando no estuviéramos obligados a obedecer a nuestros Ángeles de guarda, no debiéramos aplicarnos menos a hacer todo lo que nos aconsejan o sugieren; porque en todo lo que nos dicen no tienen otra mira ni otro fin que nuestros propios intereses. Lo más frecuente, cuando nuestros padres y principalmente nuestros mayores nos mandan algo, es para sacar de nosotros alguna ventaja, por ejemplo, para que les ayudemos en sus trabajos o para que ganemos para ellos dinero.

Pues bien, aunque nos manden únicamente movidos por esa ventaja, nunca estamos nosotros dispensados de obedecerles. Todo lo que los Ángeles nos mandan es solamente por nosotros y por nuestro bien; porque no tienen ninguna necesidad de lo que hacemos, y de ello no obtienen provecho alguno.

Cuando nosotros trabajamos por la salud de nuestros prójimos y no logramos convertirlos, nos queda el consuelo de que no por esto perdemos el mérito de nuestro trabajo, según aquellas palabras de la Santa Escritura; "Dará Dios la recompensa de sus santos trabajos;" y notemos bien que no dice de sus frutos o buenos resultados; porque aunque sean inútiles, y no saquen ningún provecho nuestros hermanos, el que por ellos trabaja alcanza el premio debido a su trabajo, según el cual Dios recompensa y no según los frutos o resultados.

Pero el Ángel custodio no tiene ni aun este consuelo, trabaja y no merece nada, y cuando nosotros no le obedecemos trabaja sin provecho y sin mérito, pero sí, siempre sin disgusto porque todo lo que él pretende, obedeciendo a Dios, es simplemente obedecer, cumpliendo su palabra, *Facientes verbum illius*[77] pues sabe muy bien cuánta honra y gloria se adquiere con obedecer los mandamientos de Dios. Obedezcamos, pues, a nuestros Ángeles custodios para que no nos desamparen y abandonen y caigamos en poder de Satanás y sus malignos artificios, como sucedió con Babilonia confiada al cuidado de los Ángeles, quienes dicen: "Nos hemos esforzado por curar a Babilonia, y ella no se ha curado: la abandonamos".[78] Orígenes comentando este pasaje, dice que acontece a una alma indócil a la voz de su Ángel, que cuando llega la hora de la muerte, se retira de ella, no queriendo asistir a su caída en el abismo infernal.

JACULATORIA

Ángeles que obedecéis a Dios y cumplís fielmente sus mandatos, enseñadnos la verdadera obediencia cristiana.

PRÁCTICA

En las oraciones de la mañana, nunca omitáis el propósito de seguir los consejos y santas inspiraciones del Ángel de vuestra guarda.

Se rezan tres Padre Nuestros y tres Ave Marías con Gloria Patri y se ofrecen con la siguiente

ORACIÓN

Amantísimo Ángel de mi guarda, que deseoso de mi e terna salvación, estáis continuamente hablando a mi corazón por medio de vuestras santas inspiraciones, intimándome el cumplimiento exacto de mis deberes; haced que yo sepa corresponder a vuestros deseos y obedezca vuestros mandatos y consejos, pues que todo

---

[77] Psalm. 102. 20.
[78] Jer. LI, 9.

lo hacéis únicamente por mi felicidad. Perdonadme, Santo Ángel mío, las innumerables desobediencias de que me he hecho culpable ante Dios y en vuestra santa presencia, frustrando y haciendo inútil por mi parte vuestra misión divina.

Alcanzadme los auxilios de la gracia para que siempre sea obediente y dócil a vuestros preceptos. Amén.

EJEMPLO

Iba una vez cierto santo solitario muy fatigado del largo camino que diariamente tenía que recorrer para proveerse de agua, y miraba a una parte y otra buscando un sitio más cercano a la fuente para colocar allí su celda y no tener que andar tanto.

Ocupado en este pensamiento oyó de repente una voz humana que contaba, "uno, dos, tres". Sorprendióle mucho oír voz de hombre en aquella vasta soledad, donde le constaba que nadie había fuera de él; volvió la vista atrás y observó que le seguía muy de cerca un lindísimo joven.

¿Quién eres, le dijo el anciano, y qué buscas en este yermo? Soy el Ángel de tu guarda, repuso el joven, y voy contando uno por uno los pasos que das, porque cada uno de ellos tendrá en el Cielo un premio muy colmado.

Esto dijo y se ocultó a sus ojos, dejando al santo viejo tan animado a trabajar y sufrir, que lejos de trasladar su celda más cerca, la retiró cuanto le fue posible para tener más ocasión de merecer. *P. Rafael Pérez.*

Oración final a la Reina de los Ángeles. Oh María etc.

DÍA VEINTICINCO
ORACIÓN PREPARATORIA COMO EL PRIMER DÍA
MEDITACIÓN
ASISTENCIA DEL ÁNGEL CUSTODIO EN LA HORA
DE NUESTRA MUERTE

Punto 1º. Considera, alma mía, que si en todo el tiempo de nuestra vida tenemos necesidad de los auxilios del Ángel de la guarda; sobre todo en la hora de nuestra muerte se hace más imperiosa esta necesidad porque entonces crecen asombrosamente los peligros del alma. Desde nuestro nacimiento ha venido sosteniendo nuestro Ángel custodio una lucha encarnizada con el ángel malo; y el éxito de esta lucha tiene que decidirse en los últimos momentos de la vida.

El demonio, agota todos los recursos que su rabia le inspira para llevar al lugar de los tormentos eternos a un alma que no pudo perder quizá durante la vida, porque sabe que pocos instantes le quedan; pero el Ángel del Cielo está allí a nuestro lado defendiéndonos de las iras de Satanás y desbaratando todas sus astucias y artificios malignos.

El furor del demonio en esa hora, no puede ser más poderoso que el celo de nuestro Ángel; y basta sólo la voluntad y buena disposición de nuestra parte como la docilidad a sus santas inspiraciones, para que el enviado de Dios salga en la lucha vencedor.

Verdad es que el demonio nos combate por el lado más flaco, porque conoce nuestras debilidades; y así nos pone las tentaciones más horrendas del vicio a que sabe hemos sido más inclinados; acrecienta a nuestros ojos, la malicia del pecado, la ingratitud a los beneficios recibidos, la tibieza en el uso de los Sacramentos, el desprecio a las obras de piedad; nos pinta, en una palabra, con los más vivos colores, la vida pasada; hace aparecer sin límites la severidad de la justicia divina y oculta la misericordia para que se pierda la esperanza cayendo en la desesperación, amortigua la fe y casi extingue la caridad.

La influencia satánica se extiende hasta en la enfermedad misma, si Dios lo permite, ya privándonos del juicio o del uso de los sentidos para inutilizar los buenos actos y todo medio de conversión y penitencia; y halagando con vanas apariencias a los médicos, a los deudos, a los amigos, para dar tregua a la administración de los sacramentos, y, si es posible, privar del todo al pobre moribundo de los últimos consuelos de la religión.

Todo esto no es tan raro como se cree, son frecuentes los casos, nadie se exime de luchar más o menos con el demonio en la hora terrible de la muerte, y San Agustín afirma que nadie sale de esta vida sin verse cara a cara con el demonio.

Punto 2º. Considera, que si son tan terribles las acometidas de Satanás en los momentos de la muerte, serian aún más horrorosas si el Ángel de nuestra guarda no desplegara allí todo su poder y todo su celo en favor nuestro, pues él ahuyenta a los demonios y los tiene como atados para que no puedan hacernos daño; nos da fuerza contra las tentaciones, comunicándonos auxilios divinos.

Nos muestra la justicia divina, pero no como satanás para desesperarnos, sino para infundirnos un saludable temor; nos descubre los tesoros de la divina misericordia para aumentar nuestra confianza. No nos oculta la fealdad de los pecados, pero aviva nuestra fe, la cual nos asegura de que un solo acto de arrepentimiento basta para borrarlos todos.

Por último, nos pone delante de los ojos en toda su hermosura los méritos de Jesucristo, la ternura maternal de María, las buenas obras que durante la vida hicimos en obsequio suyo, y nos hace sentir más vivamente su presencia; todo esto para endulzar y suavizar el más amargo de los trances de la vida humana.

Más no se limitan los cuidados de nuestro Ángel a esto únicamente, sino que inspira a las personas ausentes que nos visiten para que nos hablen del peligro que corre nuestra alma, o nos traigan un sacerdote a la cabecera para que nos imparta los últimos auxilios de la religión, y lo iluminen sugiriéndole los consejos que ha de darnos más aptos para convertirnos y consolarnos. San Felipe Neri refiere que Dios le hizo ver en cierta ocasión a los Ángeles sugiriendo al oído de dos hermanos suyos, las palabras que decían a dos moribundos que estaban asistiendo.

No puede dudarse que esto mismo pase con todos los que auxilian a los agonizantes; pero no siempre ha de haber almas como la de San Felipe que claramente lo vean. Pidamos, pidamos, pues, a nuestro Ángel nos imparta sus auxilios en esa terrible hora y no cesemos de dirigirle desde hoy nuestras oraciones para aquel trance.

JACULATORIA

Santo Ángel de mi guarda, defendedme de las asechanzas de Satanás en la hora de mi muerte.

PRÁCTICA

Practicad con frecuencia el ejercicio de la buena muerte, que se halla en muchos libros de devoción y tiene concedidas numerosas indulgencias y ofrecedlo al Sagrado Corazón de Jesús por manos de vuestro santo Ángel custodio.

Se rezan tres Padre nuestros y tres Ave Marías con Gloria Patri y se ofrecen con la siguiente

ORACIÓN

Amabilísimo Ángel de mi guarda, tierno protector mío, que habéis de acompañarme hasta la hora en que mi alma sea arrancada de mi cuerpo; vos conocéis mejor que nadie los peligros a que seré expuesto en ese terrible trance, por eso desde hoy os suplico me dispenséis en esa hora vuestros poderosos auxilios; sí, os ruego que deis entonces fuerza a mis trémulas y torpes manos para estrechar contra mi pecho el crucifijo y no dejarle caer en el lecho del dolor; que prestéis luz a mis apagados y amortecidos ojos para que fijen en él sus miradas lánguidas y moribundas; que a mis labios fríos y balbucientes, les deis poder de pronunciar el santo nombre de Jesús; que a mis oídos, próximos a cerrarse para siempre a las conversaciones humanas, les comuniquéis virtud de abrirse para oír de los divinos labios la sentencia irrevocable de mi eterna suerte, que alejéis de mí los espíritus infernales; y, finalmente, que recojáis las últimas lágrimas de penitencia que derrame, ofreciéndolas al Dios de las misericordias, como un sacrificio de expiación, para que mi alma sea recibida en su seno amoroso, donde sea feliz eternamente en vuestra compañía. Amén.

EJEMPLOS

Estando San Ignacio de Loyola en el monte Casino, queriendo rogar a Dios por la salud del devoto Padre Diego de Hazes, que conoció estaba enfermo, vio de repente el alma de dicho Padre, que fue el primero que murió de la Compañía, llena de resplandores de gloria, que la llevaban al Cielo muchos Ángeles: lo cual sucedió en el mismo lugar que a San Benito aconteció otra revelación semejante en la muerte de San Germán, Obispo de Capua.

Estando enfermo el Padre Juan Coduri, uno de los compañeros de San Ignacio, fue a decir misa por él su santo Padre a la Iglesia de San Pedro "de Monte Áureo" más en el camino levantando los ojos al Cielo, vio el alma de dicho Padre Coduri muy resplandeciente, entre coros de Ángeles que la subían al Cielo; y vuelto San Ignacio a su compañero, le dijo: Tornemos a casa que yaba muerto el maestro Juan Coduri. *Vida de San Ignacio* por el Padre Juan Eusebio de Nuremberg.

Oración final a la Reina de los Ángeles. Oh María etc.

DÍA VEINTISÉIS
ORACIÓN PREPARATORIA COMO EL PRIMER DÍA
MEDITACIÓN
ALEGRÍA A LOS ÁNGELES
POR LA CONVERSIÓN DE UN PECADOR

Punto 1º. Considera, alma mía, que la gloria de Dios brilla singularmente en las naturalezas intelectuales por su misericordia y su justicia; su providencia, su inmensidad, su omnipotencia, se manifiestan en las criaturas inanimadas; pero sólo los seres inteligentes pueden sentir los efectos de su misericordia y su justicia, estos dos atributos son los que establecen su gloria y su reinad o sobre las naturalezas racionales.

Es por la misericordia y la justicia, por lo que los Ángeles y los hombres están sujetos a Dios; la misericordia reina sobre los buenos, la justicia sobre los malos: una por la comunicación de sus dones, la otra por la severidad de sus leyes; la una por la dulzura, y la otra por la fuerza; una se hace amar, y la otra se hace temer; una atrae, y la otra repele; una recompensa la fidelidad, y la otra castiga la rebelión.

La misericordia y la justicia son como las dos manos de Dios, de las cuales la una da y la otra corrige; son como las dos columnas que sostienen la majestad de su reino: una eleva a los inocentes y la otra abate a los criminales. Si todos los caminos del Señor, como dice el Profeta, son misericordia y justicia,[79] atributos que hacen brillar magníficamente su gloria y su reinado: he aquí por qué la conversión del pecador llena de inmensa alegría a los santos Ángeles, pues admiran la misericordia en el perdón de los pecados y la justicia en los gemidos y lágrimas del pecador, y aunque sean embriagados con el torrente de las eternas delicias; sin embargo, sienten aún entrar su regocijo cuando nosotros somos renovados por la penitencia.

El Evangelio claramente lo expresa cuando dice: "Los Ángeles se regocijan más con la conversión de un pecador que con la perseverancia de noventa y nueve justos que no tienen necesidad de penitencia".[80]

Punto 2º. Considera que los justos de que habla el Evangelio en el pasaje citado no son otros que los mismos Ángeles, pues solo de estos puede decirse con verdad que no necesitan de penitencia, porque habiendo pecado todos los hombres en Adán, sería una temeridad asegurar que no tienen necesidad del remedio de la penitencia, y con mayor razón cuando el Discípulo amado ha dicho refiriéndose a los hombres:

---

[79] Psalm. XXIV, 10.

[80] Luc. XV. 7.

"Si alguno dice que no peca, se engaña y no hay verdad en él".[81]

¿En dónde encontraremos, pues, esa inocencia tan pura, tan perfecta que no tiene necesidad de penitencia? Sin duda que solo puede hallarse entre los Ángeles, que detestando la rebelión y audacia de satanás, permanecieron firmes en el bien en que Dios los había establecido desde su origen; ellos se alegran, por consiguiente, más de la conversión del pecador que de la perseverancia aún de sí mismos, porque no pueden menos que reconocer la misericordia de Dios en toda su grandeza, en toda su plenitud, y celebrarla con los más vivos trasportes de júbilo, puesto que la justificación del pecador es una obra más grande aún que la creación de mil mundos; la acción divina al sacar los seres de la nada no encuentra ninguna oposición; pero al convertir al pecador ha tenido que vencer la oposición de la voluntad.

Cuando Dios creó el Cielo y la Tierra, nada se opuso a su voluntad; cuando Dios convierte a los pecadores, es necesario que venza su resistencia, y que combata, por decirlo así, a su propia justicia arrancándole sus víctimas; esta bondad que resiste tantos obstáculos es sin duda más poderosa, más abundante que aquella que no encuentra impedimentos en las comunicaciones de su gracia y de su gloria en los Ángeles bienaventurados. Siendo, pues, la conversión del pecador la obra maestra de la misericordia divina, no puede menos que ser celebrada por los Ángeles con inmensa alegría.

Si por desgracia no nos hemos convertido totalmente a Dios, procuremos hacerlo hoy de todo corazón, así aumentaremos, siquiera sea accidentalmente, la dicha de esos espíritus felices que nos aman ardientemente y desean

---

[81] Juan I, 8.

que reparemos las ruinas que satanás y sus cómplices dejaron en el empíreo, ocupando nosotros las sillas que quedaron vacías por su soberbia y perfidia.

JACULATORIA

Ángeles dichosos que celebráis la conversión de los pecadores, alcanzadme la gracia de que me convierta verdaderamente a Dios.

PRÁCTICA

Como la verdadera conversión es una confesión bien hecha, no dejéis de hacerla al menos, una vez al mes, para que de este modo alegréis a los Ángeles del Cielo.

Se rezan tres Padre Nuestros y tres Ave Marías con Gloria Patri y se ofrecen con la siguiente

ORACIÓN

Espíritus soberanos, que contempláis como un espectáculo digno de vuestra alegría, la penitencia de los pecadores; porque admiráis en ella la misericordia de Dios y veis cumplidos los sentimientos de amor y de ternura que abrigáis hacia nosotros; os rogamos, con toda la efusión de nuestras almas, que nos alcancéis de la clemencia infinita los divinos auxilios para convertirnos totalmente a nuestro amable Redentor, derramando abundantes lágrimas de contrición por nuestras culpas, hasta merecer el perdón y la gracia en esta vida y la eterna gloria en la otra. Amén.

EJEMPLO

En el tiempo en que San Ignacio de Loyola escribía las constituciones de la Compañía de Jesús, de esa sociedad que había de ser semillero fecundo de santos misioneros que, con sus ejemplos y palabras, habían de convertir innumerables infieles y pecadores, en ese tiempo, digo, recibió extraordinarios favores del Cielo, sin duda alguna, felices nuncios de los frutos que obtendría n sus ilustres hijos.

"Muchas veces oía aún con los sentidos exteriores, músicas suavísimas de los Ángeles, y una armonía inexplicable, que le hacía deshacerse en lágrimas: principalmente en la Misa le regalaba Dios por medio de los espíritus celestiales, los cuales enviaban del Cielo para que le diesen a gustar del contento y alegría que hay en la gloria, y no se haya en esta vida; y así, puestos en coro encima del altar donde decía misa, todo el tiempo que duraba, entonaban celestiales canciones y con suavísima armonía le daban música al bendito Padre; y esto no fue una sino muchas veces".[82]

¿Qué otra cosa eran esa alegría, música y cantos de los Ángeles, si no demostraciones de júbilo por las conversiones que habían de obrar sus hijos los misioneros, y la recompensa debida a los deseos del santo que prefería la vida al martirio sólo por convertir almas?

Oración final a la Reina de los Ángeles. Oh María etc.

DÍA VEINTISIETE
ORACIÓN PREPARATORIA COMO EL PRIMER DÍA
MEDITACIÓN
ARCÁNGEL SAN RAFAEL
HISTORIA BÍBLICA[83]

Punto 1º. Considera, alma mía, que la Sagrada Escritura hace mención de tres Arcángeles dando a conocer sus importantísimas apariciones en las que

---

[82] *Vida del Santo* por el Padre Juan Eusebio Nuremberg.

[83] Extractada de la obra *Los ángeles custodios* del Padre Rafael Pérez.

han venido a desempeñar las más altas misiones en favor de la humanidad; y como la Iglesia ha autorizado el culto que los fieles siempre han tributado a estos espíritus celestiales, ya instituyendo fiestas en su honor, ya erigiéndoles suntuosos templos o ya declarándolos patronos de la cristiandad; muy justo será que consagremos cuatro días a la consideración de sus maravillosas apariciones, siquiera sea brevemente, por exigirlo así los reducidos límites de una meditación pequeña. Comenzaremos, pues, por referir la aparición del glorioso Arcángel San Rafael.

Tobías era un hombre honrado y temeroso del Señor, enemigo de la idolatría y adorador del verdadero Dios: daba sepultura a los cadáveres de las víctimas del furioso Senaquerib. Volvió un día fatigado de enterrar a los muertos y se recostó a descansar. Dios permitió que mientras dormía cayera sobre sus ojos el estiércol caliente de un nido de golondrinas, lo cual le originó una completa ceguera. A esta siguieron otras pruebas y padecimientos que supo tolerar con santa resignación, teniendo el consuelo de ver a su hijo del mismo nombre empapado en los mismos bellos sentimientos.

Creyendo era llegada ya la hora de partir de este mundo, llamó a su buen hijo, y después de haberle dado los más saludables consejos, concluyó diciéndole: "Te hago saber que di prestados a Gabelo diez talentos de plata, y tengo en mi poder el documento: procura el modo de ir allá y recobrar esa cantidad, restituirle el recibo firmado de su mano. Yo haré cuanto me mandares, repuso el joven, pero ni el me conoce a mí ni yo a él. Tampoco sé el camino de esa Tierra.

A vista del recibo te pagará sin duda; y en cuanto a la dificultad del camino, ve ahora mismo, busca un compañero fiel que te conduzca pagándole su salario, porque conviene cobrar este dinero antes de mi muerte. Apenas salió a la calle Tobías, se encontró con un gallardo mozo en traje de caminante a quien comunicó sus deseos, a los cuales accedió gustoso dicho mancebo.

Despidióse Tobías de su padre después de haber recibido sus bendiciones y emprendieron ambos juntos el viaje hacia Rajes, ciudad de La Media donde habitaba Gabelo.

Punto 2º. Considera cómo en la primera jornada se libró Tobías de ser devorado por un pez, pues al caer de la tarde quiso lavarse los pies en un rio; más al entrar en el agua, se lanzó contra él un pez de enorme magnitud: despavorido el joven dio un gran grito llamando en su auxilio a Azarías, éste fue el nombre que tomó su compañero de viaje; no le tengas miedo, dijo éste llegándose a la orilla; cógele de las agallas y sácalo fuera. Obedeció resueltamente y lo arrastró hasta sacarlo a Tierra.

Ahora, dijo Azarías, desentráñalo y guarda el corazón, la hiel y el hígado, que tienen propiedades medicinales, pues si se pone sobre las brasas un pedacito del corazón del pez, su humo ahuyenta todo género de demonios, y la hiel sirve para curar los ojos enfermos de nubes o cataratas.

Después de quince días de camino llegaron a una pequeña población donde vivía un hombre llamado Raquel, pariente de Tobías y de su propia tribu, que tenía una hija cuyo nombre era Sara, la cual había tenido hasta entonces siete maridos, a quienes el demonio había dado muerte la misma noche de las bodas. Al entrar a esta población, preguntó Tobías a su compañero: ¿En dónde te parece que posemos?

En casa de Raquel, respondió Azarías, después de haberle dado a conocer el parentesco y de haberle manifestado que convenía se casase con Sara, agregando no se dejase dominar de los apetitos sensuales; sino que en la noche de las bodas quemara, en su aposento el hígado del pez, y ésta y. las dos siguientes las pasase en oración con su esposa. Llegaron por fin a la casa, de Raquel, quien los recibió con el más cordial agasajo, habiéndose reconocido como parientes en medio de los más dulces trasportes de júbilo.

Tobías, siguiendo el consejo de Azarías, pidió a Sara por esposa. Quedó sobrecogido el buen padre al oír semejante propuesta, recordando la suerte de los siete maridos anteriores; pero Azarías le persuadió de que ésta era la voluntad de Dios. Verificóse el matrimonio. Observó Tobías lo prescrito por su santo amigo, y al humo del hígado el demonio huyó. Indescriptible fue el gozo de Raquel al saber que su yerno vivía y había pasado aquella noche terrible con la paz y sosiego de los justos; celebró las bodas con inusitada pompa; dio a Tobías la mitad de todos sus bienes y le nombró heredero de la otra mitad después de su muerte y de la de Ana su esposa.

Viendo Tobías que aún faltaba alguna parte del camino para llegar a casa de Gabelo, rogó a Azarías fuese a cobra r el dinero de su padre, quien accedió gustoso a su súplica, marchando a Rajes, recobró el dinero regresando inmediatamente.

El plazo de la permanencia de Tobías aliado de sus suegros, tocó a su término, y fue preciso marchar con sentimiento general de todos. Cerca del término de la jornada, Azarías dio la última instrucción a Tobías diciéndole: Cuando entrares en casa adora luego al Señor tu Dios, y dale gracias por los beneficios recibidos; al dar a tu padre el ósculo de paz, úngele los ojos con la hiel del pez y luego caerán las cataratas y verá la luz del Cielo y se gozará en tu vista.

Apenas supieron se acercaba Tobías, salieron a su encuentro sus buenos padres, el anciano tropezando aquí y allí hasta dar con los dos jóvenes; el hijo fidelísimo después de darle un tierno abrazo, ungió con la hiel los ojos del ciego, y al punto comenzaron a desprenderse unas telas blancas que el mismo quitó con sus dedos y vio de nuevo la luz del Sol. Su primera palabra fue de gratitud a Dios.

Pasaron siete días de santo regocijo en los que Azarías tomaba parte, haciéndose objeto de la admiración y amor de todos. Agradecido el joven Tobías dijo a su padre: ¿qué recompensa podremos dar a este mancebo, digna de tantos beneficios? El me condujo y devolvió sano y salvo, cobró el dinero a Gabelo, me ha dado esposa, ahuyentó de ella el demonio, devolvió la alegría a sus padres, me arrebató de las fauces del monstruoso pez, a ti también te ha restituido la vista, y, en fin, por medio de él nos vemos colmados de todos los bienes.

¿Cómo podremos dignamente recompensarle? Por mi parte te pido que le ruegues se digne admitir la mitad de lo que trajimos. Parecióle bien al anciano, e inmediatamente le llamó aparte y le suplicó aceptase aquella ofrenda. Entonces, Azarías en un tono de extraordinaria majestad les habló de esta manera: "Bendecid al Dios del Cielo y alabadle ante todos los vivientes porque ha derramado su misericordia sobre vosotros. Cuando orabas con lágrimas y dejabas de comer por enterrar a los muertos, cuando escondías en tu casa los cadáveres, y de noche los enterrabas, yo presenté al Señor tu oración.

Ahora me ha enviado el Señor a curarte y a librar del demonio a Sara esposa de tu hijo, pues yo soy el Ángel Rafael uno de los siete que asisten ante el trono del Señor.

Al oír tales palabras ambos Tobías, se turbaron y temblando cayeron postrados en Tierra; más el Ángel les reanimó diciéndoles: "No temáis, la paz sea con vosotros, bendecidle y publicad sus maravillas," y desapareció de su presencia sin que pudieran verle más. Tres horas permanecieron postrados en Tierra sobrecogidos de santo estupor sin poder hablar palabra; más volviendo en sí el santo anciano elevó al Señor un himno profético.

Consideremos en esta tierna y bellísima historia que cada uno de nosotros tiene su Azarías o Rafael que ejerce con sumo amor *y* solicitud los oficios de ayo y protector, tan ajenos de su altísima dignidad.

JACULATORIA

Glorioso Arcángel Sn. Rafael que librasteis a Tobías de tantos peligros, interced por mí para que me vea libre de mis enemigos visibles e invisibles.

PRÁCTICA

Sed muy devotos del Arcángel San Rafael y pedidle que, como a los Tobías joven y anciano, os libre de los peligros de alma y cuerpo y os alcance la luz de una fe viva con que podáis creer los misterios de la religión y practicar las obras de misericordia.

Se rezan tres Padre Nuestros y tres Ave Marías con Gloria Patri y se ofrecen con la siguiente

ORACIÓN

Arcángel soberano, dichoso San Rafael, que sois uno de los siete Príncipes supremos que asisten como refulgentísimas lámparas delante del trono de Dios, vos que por especial prerrogativa divina reunís en vuestro ser los altos títulos y blasones de Auxiliador, de Nuncio, de Médico divino, de Compañero fuerte, de Favorecedor, de Orador y de Intercesor, os suplico humildemente ejerzáis para conmigo estos benéficos y caritativos oficios, a fin de que cumpliendo en todas mis acciones la voluntad de Dios, merezca poseerle para siempre. Amén.

EJEMPLO

Refiere el Padre Constantino la siguiente historia acaecida en el siglo XII. Era Hildegundis una jovencita de singular piedad o inocencia, natural de Colonia. Quiso su padre llevarla consigo a Jerusalén en peregrinación, y para más precaverla de los peligros, la vistió con traje de varón, y la llamaba José. Muere su padre en el camino, un perverso criado la despoja de todo cuanto tiene y la deja sola y destituida de todo humano socorro; más el Ángel del Señor la devuelve incólume a Colonia, aunque sin manifestársele todavía visiblemente.

Prosiguió disfrazada con aquel traje extraño a su sexo, pero no a su carácter resuelto y varonil. Apremiada por la necesidad hubo de emprender un viaje a Roma: al atravesar un sombrío bosque, se le junta un ladrón que iba perseguido por la justicia, y sus agentes prenden a José, pues el verdadero facineroso se había escapado, dejando al joven sus alforjas, sujetáronle a la prueba del fuego, para averiguar la culpabilidad o la inocencia, y consistía en tomar en las manos un hierro hecho ascua: si el interesado recibía lesión, era condenado como culpable, si no, que daba absuelto y reconocida su inocencia.

Esto último sucedió a nuestra joven por favor del santo Ángel; más la familia del verdadero ladrón, creyéndose injuriada por la declaración de Hildegundis, se apodera de ella y la suspende en un árbol para ahorcarla; el Ángel la tiene suspensa en el aire, para que nada sufra, mientras que unos pastores, inspirados por él, llegan a cortar la soga.

Estos, temerosos de los lobos que acometían sus rebaños la dejan de nuevo maniatada y sin poderse mover, pero su ayo fidelísimo no la abandona, le desata las ligaduras, la hace montar en un caballo blanco como la nieve, y en breves momentos la lleva sana y salva hasta Verona. Tres años sobrevivió aquella virgen extraordinaria, recogida en un monasterio, dando ejemplo de las más perfectas virtudes.

Oración final a la Reina de los Ángeles. Oh María etc.

DÍA VEINTIOCHO
ORACIÓN PREPARATORIA COMO EL PRIMER DÍA
MEDITACIÓN
ARCÁNGEL SAN GABRIEL

Punto 1º. Considera, alma mía, que después de haber pecado Adán, Dios Nuestro Señor le notificó el terrible y eterno castigo en que incurrió por su desobediencia; pero al mismo tiempo, por un rasgo de su Misericordia infinita, justificada en que Adán y Eva no habían caído en el mal sino por sugestión del demonio, no quiso abandonar a la desesperación a nuestros primeros padres y a todos sus descendientes; y por esto les prometió que había de nacer de su raza un Redentor que borraría su falta y les volvería a abrir las puertas del Cielo.

Para el cumplimiento de esta promesa fijó Dios un plazo, el cual una vez vencido, envió un Ángel a la mujer que había resuelto asociar a esta grande obra para anunciársela y pedirla su consentimiento.

Contemplemos, pues, al Arcángel Gabriel cumpliendo su misión divina cerca de la Santísima Virgen. De todos los mensajes de que Dios había anteriormente encargado a los Ángeles, ninguno era tan elevado tan santo y tan importante como éste, pues tratábase nada menos que de anunciar la Encarnación del Verbo divino, del Hijo del eterno Padre en el seno virginal de María, por cuyo misterio sería concebido un Hombre Dios que expiaría en su persona con los más crueles tormentos y la misma muerte los crímenes del género humano.

Entre los millones de Ángeles que forman la corte celestial, Gabriel fue el elegido para esta grande embajada. Apenas recibe este Ángel la orden del Altísimo, baja volando hacia Galilea, se dirige a Nazaret, penetra en la casa de la Virgen llenándola toda de los más vivos resplandores y comienza a saludar a María con estas palabras: *Yo te saludo, María, llena eres de gracia, el Señor es contigo; bendita tú eres entre todas las mujeres.*

Pero María, al oírle hablar así, se turba y pregunta que significa esta salutación, y el Ángel se apresura a anunciarla el objeto de su misión en estos términos: *No temas, María, porque has encontrado gracia delante de Dios. He aquí que concebirás y parirás un Hijo, a quien llamarás Jesús, Será llamado el Hijo del Altísimo, y el Señor Dios le dará el trono de David, su Padre; reinará eternamente en la casa de Jacob, y su reinado no tendrá fin.* ¡Qué impresión no debió hacer en el alma de María este anuncio! Sin embargo, apenas da su consentimiento, se obra en sus purísimas entrañas el gran prodigio y da principio la redención del hombre.

Punto 2º. A Considera que aunque Dios por sí mismo podía dirigirse directamente a María, como lo había hecho ya con Adán en el paraíso terrenal y después con numerosos personajes de la antigua ley; sin embargo no ha querido tratar este grande asunto con la Santísima Virgen, sino por mediación del Ángel, y esto por varias razones que señalan los Santos Padres de la Iglesia: porque Dios, en el orden de la economía de nuestra salvación, gobierna a los hombres por ministerio de los Ángeles que son sus superiores; porque el Hijo de Dios queriendo reparar la ruina de los Ángeles, remplazándolos con hombres, era conveniente emplear su ministerio, y confiarles este oficio; porque habiendo sido el hombre seducido por la lengua de la serpiente, es decir, del ángel rebelde, era justo que fuese también instruido por la palabra de un Ángel; porque, finalmente, como la castidad tiene mucha relación y alianza con los Ángeles, correspondía a la dignidad de la Reina de los Ángeles, el enviarla uno que la comunicase la feliz nueva de su divina maternidad sin menoscabo de su virginal integridad.

Ha enviado Dios al Arcángel Gabriel más bien que a San Rafael o a San Miguel o a cualquiera otro Ángel para el cumplimiento de esta nobilísima misión, porque Gabriel era el Ángel que había anunciado antes al profeta Daniel la fecha de la encarnación. También porque la significación de su nombre es muy adaptada a esta misión, pues según unos, significa *Dios y hombre* y por tanto convenía que anunciase que Dios se haría hombre; según otros, Gabriel quiere decir *fuerza de Dios* y la obra de la encarnación es, en efecto, una obra por excelencia de la fuerza divina, pues ¡qué poder no era necesario a Dios para hacer a una virgen fecunda para encerrar el Infinito en el seno de una mujer, para unir tan estrechamente dos naturalezas, la divina y la humana, que no formasen más que una persona y tantos otros prodigios como se encuentran en la Encarnación!

Por esta misma razón, por ser Gabriel fuerza de Dios fue enviado al Señor San José para ilustrarle y fortalecerle en sus dudas durante el embarazo de María, fue enviado también para fortificar a Jesús en el Jardín de las Olivas. Por todas estas razones tengamos una sincera devoción a este Ángel admirable y una completa confianza en su socorro.

JACULATORIA

Glorioso Arcángel San Gabriel, dignaos alcanzarme del Señor la fuerza de la gracia para dominar mis pasiones y vencer a los enemigos de mi salvación.

PRÁCTICA

Acostumbraos a ofrecer el rezo del Ave María por mediación del Arcángel San Gabriel a la Santísima Virgen, uniendo vuestra intención la que tuvo este príncipe celestial cuando saludó a la misma Virgen María.

Se rezan tres Padre Nuestros y tres Ave Marías con Gloria Patri y se ofrecen con la siguiente

ORACIÓN

Espíritu fidelísimo, dichoso Arcángel San Gabriel, que fuisteis elegido por Dios para anunciar a la más pura y santa de las criaturas, el misterio altísimo de la divina Encarnación, la obra maestra del infinito poder; os suplicamos con toda la fuerza de nuestras almas, que debilitéis los esfuerzos del demonio, nos quitéis el temor a los hombres, haciéndonos valientes e intrépidos en las ocasiones en que la gloria de Dios esté interesada, y, por último, que nos ayudéis a recoger y a aprovechar los frutos de la Encarnación del divino Verbo, de la cual tuvisteis la gloria de ser felicísimo heraldo. Amén.

EJEMPLO

En el siglo doce vivió cerca de Aviñón un niño pastorcito llamado Benitico, a quien el Señor se le apareció encargándole fuese a fabricar un puente sobre el Ródano, después de asegurarle cuidaría de las ovejas y que le daría un guía que lo acompañase en el camino. Penetrado Benitico de admiración y lleno de confianza dejó al punto las ovejas y se puso en marcha. A pocos pasos vio a su lado a un gallardo joven en traje de caminante, que le dijo venía a llevarle al Ródano hasta ponerle en el paraje donde quería Dios que fabricase el puente. Aunque había tres días de camino llegaron en menos de tres horas.

Al verse ya Benitico a la orilla del Ródano enfrente de Aviñón considerando la extensión y rapidez del río, exclamó asombrado: *Aquí es imposible hacer puente,* pero el Ángel le respondió: *No temas, haz lo que Dios te manda, que este Señor nunca manda. cosas imposibles, y presto lo experimentarás. Pasa la barca, preséntale al Obispo de Aviñón y dile la comisión que llevas.* Diciendo esto desapareció el Ángel, dejando al niño animado de un nuevo aliento y con tanta confianza, que para probar que su misión era divina, a instancias del preboste de la ciudad que trataba de burlarse de él, se echó a cuestas una enorme peña que apenas podrían mover treinta hombres, y caminó con ella, acompañado del Obispo, el clero, la nobleza y el pueblo, hasta el lugar en que había de construirse el puente en medio de las más vivas demostraciones de veneración y respeto.

Oración final a la Reina de los Ángeles. Oh María etc.

DÍA VEINTINUEVE
ORACIÓN PREPARATORIA COMO EL PRIMER DÍA
MEDITACIÓN
SAN MIGUEL ARCÁNGEL,
PRÍNCIPE DE LA MILICIA CELESTIAL

Punto 1º. Considera, alma mía, que si la excelencia y perfecciones del último de los Ángeles exceden la capacidad y alcances de nuestras pobres inteligencias; con mayor razón superan la fuerza de nuestros entendimientos la excelencia y perfecciones del primero y más encumbrado de los Ángeles.

En el orden de la creación, es una ley constante e invariable que los seres superiores en cada género, contengan de un modo eminente en su naturaleza todas las perfecciones y propiedades de sus inferiores, así vemos, por ejemplo, que el hombre contiene en sí cuantas perfecciones se encierran en los reinos mineral, vegetal y animal, además de las propias que lo diferencian de estos mismos.

Ahora bien, ya hemos considerado con el profeta Daniel cuan asombroso es el número de los cortesanos de Dios, y con Santo Tomás hemos visto que de esta inmensa muchedumbre no hay ni siquiera dos Ángeles iguales que sean de una misma especie; pues que cada uno es por sí de una naturaleza diversa de la de los demás y hasta cierto modo infinita, porque agota todo el ser de la especie que lo constituye, de tal manera que nada hay ni puede haber fuera de él, que sea de esta misma especie.

El Arcángel San Miguel es el Jefe de la Milicia Celestial, es, por decirlo así, el primero y el caudillo de esta gran república: *Michael et Angeli ejus:* dice San Juan, Miguel y sus Ángeles, como si dijera: el Rey y sus vasallos, el general y sus soldados.

Reflexionemos ahora cuántos espíritus hay en cada jerarquía, en cada orden de estas tropas angélicas, todos diferentes unos de otros, constituyendo desde el último hasta el primero una serie numerosísima de grados de ser y de perfecciones cada vez más crecientes, más grandes y sublimes a medida que se acercan a nuestro Arcángel San Miguel, jefe o príncipe de todos ellos, el cual, por consiguiente, contiene en sí de un modo eminentísimo lodos los atributos, excelencias y perfecciones de los Ángeles, Arcángeles, Principados, Potestades, Virtudes, Dominaciones, Tronos, Querubines y Serafines.

Si, pues, el último de los Ángeles está tan elevado sobre nuestro conocimiento que no encontramos nombre que pueda expresar su naturaleza, ¿qué nombre podremos dar a este gran príncipe que está más arriba del común de todos los ángeles, como éstos están más arriba de todos los hombres, y los hombres sobre todos los seres corpóreos? No hay, pues, nombre que exprese su excelente y sublime naturaleza; y sin embargo, él tiene un nombre que ha adquirido por la más santa, más heroica y meritoria de las acciones; esto es, lo que meditaremos en el siguiente punto.

Punto 2º. Considera que complaciéndose Dios en ser servido, honrado y glorificado el primero; exige siempre de sus criaturas los primeros actos, los primeros movimientos, los primeros frutos, las primicias de todas las cosas.

El Arcángel San Miguel entre todas las criaturas, ha sido el primero que ha correspondido a esta voluntad soberana de Dios, porque él ha consagrado eh primero a su Creador, el primer uso de su ser, el primer pensamiento de su espíritu, el primer esfuerzo de su voluntad y la primera efusión de su amor; pues en el primer instante de su creación, antes de contemplará Dios con visión intuitiva, antes de que esta Majestad infinita se le descubriese en toda su grandeza y hermosura; Miguel la ha adorado perfectamente, le ha rendido el homenaje de sus perfecciones, le ha dado gracias por los beneficios recibidos, y se ha abismado y anonadado en su presencia, reconociendo su excelencia y soberanía con una sumisión profundísima.

Miguel es la primera criatura del Cielo y de la Tierra que ha combatido por la gloria de Dios: queriendo el Ángel rebelde igualarse a la Divinidad, Miguel se ha opuesto el primero a su soberbia, haciendo resonar por todo el empíreo estas sublimes palabras: ¿Quién como Dios? *¿Quis ut Deus?* como si dijera, ¿quién eres tú, Lucifer, quién soy y quiénes somos nosotros todos para ser comparados con Dios? En estas breves palabras ha dado este espíritu bienaventurado la mayor alabanza y el mayor honor que se pueden tributar a Dios. En efecto, exclamar: quién como Dios, es lo mismo que elogiar y ensalzar todos sus atributos y perfecciones, y no como quiera, sino con una concisión y eminencia infinitas. ¿Quién como Dios?

Es lo mismo que decir ¿quién hay grande como Dios? ¿Quién poderoso como Dios? ¿Quién es sabio, santo, infinito, incomprensible como Dios? *¿Quis ut Deus?* ¿Quién fue, quién es, quién será, quién puede ser como Dios? Todo lo que ha sido, es, será o pueda ser, es nada delante de Dios.

Las palabras del Profeta no son sino el eco de las del glorioso Arcángel San Miguel: Todas las naciones como si nada fueran, así son delante de Dios: *Omnes gentes quasi non sint sic sunt coram Eo.* Qué tesoro, qué océano, qué abismo de gracias no habrá recibido este Ángel, como premio debido al acto más heroico de humildad y abatimiento, que, con excepción de la Santísima Virgen, jamás ha sido practicado por criatura alguna. Seamos, por tanto, fieles devotos de este esclarecido Príncipe, cuyo poder es inmenso contra las potestades infernales, sobre todo en la hora de la muerte.

JACULATORIA

Príncipe de los Príncipes Angélicos, que os halláis tan cerca de la Majestad infinita, interceded por nosotros para que nos acerquemos a Dios por la práctica de las buenas obras.

PRÁCTICA

Invocad en todas las tentaciones de soberbia y vanidad el santo nombre de San Miguel, cuyo poder es de grande eficacia para vencerlas.

Se rezan tres Padre Nuestros y tres Ave Marías con Gloria Patri y se ofrecen con la siguiente

ORACIÓN

Glorioso Príncipe de la Milicia celestial, en cuyo ser resplandecen con vivos fulgores de un modo inefable, todas las bellezas y perfecciones juntas de los de más espíritus bienaventurados, vos que tenéis un nombre que encierra la mayor alabanza que puede tributarse al Altísimo, y que es al mismo tiempo el terror y espanto de las potestades infernales; os suplicamos nos alcancéis por vuestro poderoso valimiento, que brille en nosotros la hermosura de la gracia por la práctica de las virtud es y huyan para siempre de nuestro lado los espíritus malignos que trabajan sin cesar en perdernos. Amén.

EJEMPLO

A fines del siglo V, apacentaba su ganado un pastor sobre la cima del monte Gargano, en el reino de

Nápoles. Un día se desmandó un novillo y se introdujo en una cueva, el pastor para obligarle a que saliese de allí, le disparó una flecha, la cual retrocediendo con la misma violencia con que había sido disparada, hirió al pastor; quedaron sorprendidos todos los circunstantes a vista de tan asombroso suceso, cuya noticia llegó en breve a la ciudad de Siponto situada a la falda del monte. Informado el Obispo, creyó desde luego que en aquel milagro se ocultaba algún misterio, y para conocer lo que Dios quería dar a entender por aquel prodigio; ordenó un ayuno de tres días exhortando a los fieles a que uniesen la oración al ayuno, pidiendo a Dios se dignase descubrir su voluntad.

Oyó el Señor las oraciones del Santo Obispo. Al cabo de los tres días, se le apareció San Miguel y le declaró ser la voluntad de Dios, que el Ángel tutelar de su Iglesia, es decir, el mismo San Miguel, fuese singularmente reverenciado en el mismo sitio donde acababa de suceder aquella maravilla para encender y animar la devoción y confianza de los fieles, experimentando particularmente en aquel lugar, los dulces efectos de su poderosa protección.

Penetrado el Obispo de los más vivos sentimientos de reconocimiento y piedad, reunió al clero y al pueblo, les declaró la visión que había tenido, y fue procesionalmente con todos al paraje mencionado. Encontraron en él una cueva bastante capaz en forma de templo; erigieron un altar en que celebró el Señor Obispo el santo sacrificio de la Misa. Después se hizo la dedicación de la Iglesia con la mayor solemnidad, siendo desde entonces aquel santuario el lugar en que ha desplegado todo su amor y protección a los fieles, el glorioso Arcángel San Miguel.

Oración final a la Reina de los Ángeles. Oh María etc.

DÍA TREINTA
ORACIÓN PREPARATORIA COMO EL PRIMER DÍA
MEDITACIÓN
SAN MIGUEL ARCÁNGEL,
PATRÓN DE LA IGLESIA UNIVERSAL

Punto 1º. Considera, alma mía, que reconociendo la Iglesia el poder, la excelencia y superioridad de San Miguel sobre todos los demás Ángeles, no ha vacilado en declararlo su Patrón y custodio, encomendando a su vigilancia y cuidado a todos los fieles que constituyen la misma Iglesia. Las funciones que este esclarecido Arcángel ejerce, no pueden ser más importantes, pues según muchos Santos Padres y autores piadosos, él vela incesantemente por la conservación del Sumo Pontífice; combate contra los enemigos invisibles de la Iglesia; designa los Ángeles custodios que han de cuidar de las almas; defiende a la religión de los lazos que la tienden los herejes, protestantes, infieles e impíos; él está encargado de presentar nuestras almas ante el terrible tribunal de la divina justicia en la hora de nuestra muerte; él es, finalmente, el que hará resonar la trompeta en el juicio universal, mandando legiones de Ángeles por las cuatro partes del mundo a recoger las cenizas de los muertos para darles animación y vida.

¡Qué funciones tan augustas y elevadas, dignas sólo del primer ministro de la Omnipotencia soberana, del Príncipe de la Iglesia católica!

Punto 2º. Considera que no en vano la Santa Iglesia ha elegido a San Miguel para su patrono, pues que este poderosísimo Arcángel en todos tiempos y en todas partes ha dado muestras inequívocas del celo que le anima por el bien de la Iglesia.

Entre innumerables rasgos de protección que pudieran citarse, bastará mencionar uno que por su trascendental importancia vale por muchos y da a conocer claramente cuánto se interesa nuestro amado Príncipe por el buen nombre y prosperidad de la Iglesia que tiene bajo su custodia.

Cuando padecía la Iglesia grandes trabajos en el pontificado de Pelagio, clamaban los celosos Prelados a Dios por que se apiadase de su querida esposa la Iglesia y remediase los daños que padecía. Se apareció entonces el Señor San Miguel a los afligidos Prelados, consolándolos y prometiéndoles que, en breve, después de la muerte de Pelagio, tendrían un sucesor que remediara las necesidades comunes que padecían, lo que a la letra se realizó.

Más nuestro Arcángel no sólo es custodio fidelísimo de la Iglesia en general y de todas las almas, en cuanto que las cuida a todas y procura libertarlas de las garras infernales, sino que también es protector especialísimo de aquellas que le aman y le sirven de veras siendo sus más fervientes devotas, a quienes en premio de su amor y fervor les ha revelado muchas veces el día de su muerte, gracia singular con que han sabido prepararse para la salida de este mundo.

Al Abad Capracio se apareció y le dijo: *que dentro de dos días había de morirse,* que se dispusiese. A San Wilfrido, estando muriéndose le vino a visitar este Príncipe vestido de una estola blanquísima, y le concedió salud milagrosa, advirtiéndole que después de cuatro años había de morir, que para entonces volvería á visitarle. El emperador Otón segundo, supo de la boca de nuestro Ángel, cuando fue a visitarle a Gargano, cuándo había de morir. En fin, son innumerables los prodigios que se refiere ha obrado este Santo Arcángel en favor de sus devotos.

Séamoslo, pues, todos muy deveras para que nos asista durante la presente vida y sobre todo en el más terrible de los trances, en el de la muerte.

JACULATORIA

Ángel de Dios, que sois custodio de la santa Iglesia, defendedla y protegedla siempre.

PRÁCTICA

Cada vez que oigáis la santa Misa, rezad juntamente con el sacerdote la oración a San Miguel que se acostumbra rezar después de las Ave Marías, concluida la Misa

Se rezan tres Padre Nuestros y tres Ave Marías con el Gloria Patri y se ofrecen con la siguiente

ORACIÓN

Soberano Príncipe de la milicia angélica, Protector poderoso de la Iglesia católica, Patrón universal de todos los fieles, glorioso San Miguel, dirigid una mirada compasiva hacia esta porción del rebaño de Jesucristo, alejando do ella a todos sus formidables enemigos, así como alejasteis del Cielo a los Ángeles rebeldes; confirmad en la fe de sus mayores a todos los pueblos, y haced que brille para la religión y la patria el día feliz del triunfo y de la gloria. Amén.

EJEMPLO

Refiere Fray Joaquín de San Miguel Zapata en la novena que escribió dedicada a San Miguel Arcángel el siguiente caso: "Caminaba el Arzobispo Don Lope Fernández de Luna a visitar la imagen milagrosa de la Sierra, en compañía de un capellán suyo, cuando a deshora, antes de llegar a un pinar, camino de Villarroya, oyó una voz triste que lastimosamente se quejaba, y creyendo era ilusión, no puso atención: repitió la voz, y preguntando a su capellán si la había oído, respondió que una voz lamentable era la que había percibido. Asegurado el buen Prelado, le dijo que le siguiese.

Caminaron e internando el bosque, vieron, no sin admiración grande y asombro, una cabeza separada de un cadáver que distaba algunos pasos de ella, la cual daba saltos; pero más se admiró, cuando en voz alta habló de esta suerte: *Arzobispo Lope, confesión:* y acercándose el vigilantísimo pastor a la cabeza, atendió a su confesión: y después de haberle referido sus culpas y ser absuelto de ellas, dijo: que la causa de haberle favorecido el Cielo con el confesor que pedía, había sido por la devoción que en vida tuvo al Arcángel San Miguel, al cual se había encomendado fervorosamente, cuando una cuadrilla de enemigos suyos le habían herido de la manera que le hallaban, conservándole milagrosamente en la cabeza su vida; y que el santo Arcángel le ofreció su asistencia hasta que se confesase; y dicho esto, le faltó el aliento vital y murió.

Oración final a la Reina de los Ángeles. Oh María etc.

DÍA TREINTA Y UNO
ORACIÓN PREPARATORIA COMO EL PRIMER DÍA
MEDITACIÓN
DEVOCIÓN A LOS SANTOS ÁNGELES

Punto 1º. Considera, alma mía, que habiendo llegado ya al término de este felicísimo mes consagrado al culto de los Santos Ángeles, nada será más grato ni más tierno a nuestros corazones, que formar los más firmes propósitos de honrar y de imitar durante nuestra vida a estos espíritus celestiales.

El cuadro, aunque mal trazado, de las grandezas angélicas, que se ha desplegado a nuestra vista en el curso de estas meditaciones, habrá llenado sin duda de admiración y religioso respeto nuestras almas; pero es necesario que esta admiración y este respeto no sean estériles; es preciso que saquemos algún fruto de todos estos estudios, y éste no puede ser otro que una devoción tierna y sincera a los Santos Ángeles y un vehemente deseo de imitar en todas nuestras acciones su ejemplar vida y virtudes.

Por la devoción tributamos a los Ángeles los homenajes de nuestro amor y reconocimiento a su benevolencia, por tantos beneficios como nos dispensan.

Por la imitación de su vida en el ejercicio de las virtudes angélicas de la pureza, humildad, obediencia y caridad, nos hacemos a ellos semejantes en la santidad, cumpliéndose de este modo el plan divino, que exige que los hombres y los Ángeles no compongan más que una sola Iglesia, un solo pueblo cuya ley inmutable sea la caridad, lazo de unión entre todos los seres inteligentes, y cuyo Príncipe sea Nuestro Señor Jesucristo. La Tierra ha roto la unidad de esta Iglesia, de este pueblo; y Dios ha querido que el Cielo baje a la Tierra a restablecer esta unidad, esta armonía, este concierto universal.

La Tierra ya no es enemiga del Cielo, ni el Cielo es tampoco contrario a la Tierra: el tránsito de la una al otro está todo lleno de espíritus bienaventurados, cuya caridad oficiosa mantiene una perfecta comunicación entre este lugar de peregrinación v nuestra patria celestial.

Punto 2º. Considera que el mejor modo de honrar a los Ángeles, especialmente a nuestros Ángeles custodios, es imitarles, y como sólo se imita lo que se encuentra justo y perfecto; imitando a nuestros Ángeles, proclamamos con nuestra conducta su excelencia, su bondad y sus perfecciones. Así como ellos nos guardan de todo mal y nos dirigen por el camino del Cielo.

Así también nosotros debemos guardar y guiar por el camino de la salvación eterna, todos aquellos de nuestros hermanos, sobre quienes tenemos alguna influencia o están bajo nuestra tutela y cuidado. Así como los Ángeles siempre tienen sus miradas fijas en Dios, como nos lo ha dicho por estas palabras; *Contemplan sin cesar la cara del Padre celestial;* así también nosotros debemos tener sin cesar nuestros pensamientos y nuestros corazones vueltos hacia Dios.

Los Ángeles están pendientes de los labios del Señor para escuchar sus mandatos y ejecutarlos en el acto; también nosotros debemos estar constantemente atentos a la voluntad de Dios para cumplirla.

Por último, correspondamos, como estamos estrechamente obligados, a todas sus finezas: nuestros Ángeles nos aman, amémoslos; nos hacen el bien, testifiquémosles nuestro reconocimiento; nos sugieren consejos útiles para nuestra salvación, escuchémosles. Fieles a su amistad, dóciles a su voz, atentos a hacer todo lo que ellos hacen, llevaremos en este valle de lágrimas una vida completamente angélica, prenda segura de la bienaventuranza eterna, en la cual ellos nos introducirán después de la muerte. Así sea.

JACULATORIA

Ángeles del Cielo, alcanzadnos con vuestras poderosas súplicas, la gracia de la perseverancia final.

PRÁCTICA

Extended por todas partes la devoción v culto de los Santos Ángeles, hoy por desgracia muy olvidados aún entre las personas piadosas.

Se rezan tres Padre Nuestros y tres Ave Marías con Gloria Patri y se ofrecen con el siguiente

ACTO DE CONSAGRACIÓN

AL SANTO ÁNGEL DE LA GUARDA

Fidelísimo Ángel de mi guarda, a quien la amorosa Providencia de Dios ha constituido mi protector y mi guía, desde el primer instante en que vi la luz por vez primera hasta el momento en que el soplo helado de la muerte cierre mis ojos para siempre a los falsos esplendores de este mundo; delante de Jesucristo, mi amable Redentor, de María Santísima y de los santos, y en presencia de toda la corte celestial; yo os elijo en este día para que seáis mi especial abogado cerca de la Justicia divina y mi celoso defensor en los rudos combates de esta vida.

Desde hoy pongo en vuestras manos mi cuerpo con todos sus sentidos, y mi alma con todas sus potencias y facultades, para que os dignéis gobernarlos y dirigirlos al único y supremo Bien infinito, fuente de todo consuelo y de toda felicidad, perdonad que no haya sabido corresponder hasta el presente a vuestros tiernos cuidados, pero yo os prometo para de aquí en adelante, ayudado con los auxilios de la gracia, seguir fielmente todos vuestros consejos, y obedecer las órdenes que Dios me comunique por vuestro ministerio: acoged, por tanto, bondadoso, estas mis resoluciones y continuad dispensándome vuestros favores, sobre todo, apartándome del pecado y haciendo que no viva ni respire sino p ara Dios en esta vi da y después tenga la dicha inefable de alabar y bendecir por toda la eternidad su santo nombre en unión de toda la Milicia Angélica. Amén.

EJEMPLO

Para celebrar la Santísima Virgen las excelencias y santidad de la naturaleza Angélica, refiere Sor María de Jesús de Agreda en su *Mística Ciudad de Dios,* que se preparaba algunos días con los ejercicios de otras fiestas; y con nuevos cánticos de gloria y loores, recopilando en ellos la obra de la creación de estos espíritus divinos, y más la de su justificación y glorificación, con todos los misterios y secretos, que de todos y de cada uno de ellos conocía, llegando el día que tenía destinado, los convidaba a todos y descendían muchos millares de las órdenes y coros celestiales, y se le manifestaban con admirable gloria y hermosura en su oratorio.

Luego se formaban dos coros, en el uno estaba nuestra Reina, y en el otro todos los espíritus soberanos; y alternando como a versos, comenzaba la gran Señora y respondían los Ángeles con celestial armonía por todo lo que duraba aquel día. Y si fuera posible manifestar al mundo los cánticos misteriosos que en estos días formaban María Santísima y los Ángeles, sin duda fuera una de las grandes maravillas del Señor y asombro de todos los mortales.

No hallo yo términos, ni tengo tiempo para declarar lo poco que de este sacramento he conocido: porque en primer lugar alababan al Ser de Dios en sí mismo, en todas sus perfecciones y atributos que conocían. Luego la gran Reina le bendecía y engrandecía por lo que su Majestad, Sabiduría y Omnipotencia se había manifestado en haber creado tantas y tan hermosas sustancias espirituales y angélicas, y por haberlas favorecido con tantos dones de naturaleza y gracia; y por sus ministerios, ejercicios y obsequio en cumplir la voluntad de Dios, y en asistir y gobernar a los hombres y a toda inferior y visible naturaleza.

A estas alabanzas respondían los Ángeles con el retorno y desempeño de aquella deuda, y todos cantaban al Omnipotente admirables loores y alabanzas, porque había creado y elegido para madre suya a una Virgen tan pura, tan Santa y digna de sus mayores dones y favores; y porque la había levantado sobre todas las criaturas en santidad y gloria; y la había dado el dominio e imperio, para que todas la sirviesen, adorasen y predicasen por digna Madre de Dios y restauradora del linaje humano.

De esta manera venía a ser este día de admirable júbilo y dulzura para la gran Señora y gozo accidental de los Ángeles.

Oración final a la Reina de los Ángeles, Oh María etc.

ELEVACIÓN A LOS NUEVE COROS DE LOS ÁNGELES

Ángeles santísimos y animados del celo el más ardiente por nuestra salvación, sobre todo vosotros los que sois de nuestra guarda y nuestros protectores, no ceséis de velar sobre nosotros y de guardarnos en todo tiempo y en todo lugar. Así sea.

Arcángeles nobilísimos, dignaos conducirnos y dirigirnos en medio de los escollos de que estamos rodeados por todas partes. Así sea.

Principados soberanos, vos que veláis sobre los imperios y sobre las provincias, os suplicamos gobernéis vosotros mismos nuestras almas y nuestros cuerpos, y que nos ayudéis a caminar por las sendas de la justicia. Así sea.

Potestades invencibles, defendednos contra los ataques del demonio que como un león rugiente nos rodea para devorar nuestra s almas. Así sea.

Virtudes celestiales, compadeceos de nuestra debilidad, y pedid por nosotros al Señor la fuerza y el ánimo de sufrir con paciencia la adversidad y todos los males de esta vida. Así sea.

A LOS COROS DE LOS ÁNGELES

"Yo enviaré el Ángel mío que te guíe y guarde en el viaje, reverencíale y escucha mi voz que si tú escuchares su voz y ejecutares todas las cosas que ordeno, seré enemigo de tus enemigos, y perseguiré a los que te persigan". [Exod. XXIII. 20. 21 .22].

Espíritus soberanos, inteligencias celestiales que incesantemente estáis viendo el rostro de Dios[84] y os empleáis en cantar sus alabanzas: vosotros que según vuestros respectivos ministerios cumplís exacta mente las ordenes de vuestro Señor cuidando los unos de los hombres, tomando los otros a su cargo los más grandes intereses de la gloria de Dios y de su iglesia; estos haciendo brillar el poder de la soberana majestad e interesándose de un modo especial en la salvación de los hombres, aquellos repeliendo con su imperio el poder de los espíritus malignos; unos obrando prodigios de naturaleza y gracia, otros gobernando el mundo y las criaturas que hay en él; estos sirviendo de trono al Rey inmortal de los siglos, aquellos asombrando con la sabiduría que se les ha comunicado, resplandeciendo los más sublimes con la viva luz y encendidas llamas del amor divino en que se abrazan:[85] vosotros que sois los centinelas de la casa de Dios y que veláis día y noche por su conservación y decoro:[86] Miguel, fortaleza de Dios y Príncipe de la Milicia Celestial, Gabriel, dichoso Nuncio de la futura y feliz reparación del mundo, Rafael, eficaz medicina de Dios: vosotros que como lampara ardéis

---

[84] Math. 18, 2.
[85] Vease a Santo Tomás en la primera parte de su *Summa* desde la cuestión 50 hasta la 63, de la obra intitulada: *Los Santos Ángeles*.
[86] Isai. 62, 6.

constantemente ante el solio de la Divinidad,[87] presentad mis pobres oraciones ante el acatamiento del Altísimo acompañándolas con vuestros méritos y dándoles todo el valor que les falta con las que. hizo por mí en la Tierra y ahora hace en el Cielo el divino Cordero sacrificado por mi salud, y a quien dais todo el honor, todo el poder y toda la gloria que se merece,[88] alcanzándome una vida inmaculada, una obediencia ciega, una alegre y pronta resignación con la voluntad de Dios, con una muerte santa para can taren vuestra compañía las alabanzas de mi Dios por toda la eternidad. Amén.

Digamos con los Ángeles Santo, Santo, Santo etc.- y luego la siguiente

ORACIÓN

¡Oh Dios! que con inefable providencia te dignaste enviar tus santos ángeles para que nos guarden; concede a nuestros humildes ruegos que después de defendidos por su continua protección en la Tierra, seamos por toda la eternidad compañeros suyos en la gloria. Por Nuestro Señor Jesucristo...

---

[87] Tob. 12, 15.
[88] Apoc. 5, 11, 12, 13.

Made in the USA
Monee, IL
18 July 2022

2faa1455-f463-4995-859e-bddfc6a19626R01